新文京開發出版股份有限公司

新世紀・新視野・新文京 — 精選教科書・考試用書・專業參考書

New Wun Ching Developmental Publishing Co., Ltd.

New Age · New Choice · The Best Selected Educational Publications—NEW WCDP

台北海洋科技大學 通識叢書

第 **3** 版

品格教育
與服務學習

CHARACTER EDUCATION
AND SERVICE LEARNING

徐舜彥・黃苓嵐 著

3rd
Editon

在講究專業證照的年代，談品格似乎不是一個很符合效益的問題。畢竟我們沒有辦法透過考試、檢定測驗等方式來拿到品格證照，也不可能因為做了十件好事就頒發一個品格證照給你，來證明你是一個好人。也因此對於品格教育，很多人就功利的立場來看，常常無法感受到它能夠比其他專業證照來得有用。

不可諱言的，在現實的人生中，財富金錢等確實可以為我們換得許多物質上的滿足，但若你要進一步再要求它給我們多一些其他的東西，卻是很難。而一個好的品格，卻可以為我們換得他人對我們的尊重。尊重並不能透過金錢買來，金錢只能換得我們屈從，但無法買到我們內心的認可。我們頂多只能因為富有而獲得他人的羨慕，但卻無法因為富有而得到他人的尊重。尊重只能透過品格而來。

而專業證照，也只是證明了你在某些方面具有專業能力，讓你的老闆能夠相信你可以完成某些專業工作，但回歸到做為一個值得信賴的下屬或者工作夥伴，則仍是依賴於你是否是一個具有良好品格的人。

品格教育雖然無法具體地透過任何測驗的方式來檢定，但卻可以透過一個人日常的言行表現來被認知。良好的品格，是我們最大的財富，因為它是任何人都無法奪走，亦不會因著時日而減損。一個好的品格，不僅可以為我們獲得他人的尊重，同時也因著對我們品格的信任，我們也將獲得更多的機會來證明我們自己，相應的其他專業能力也因此能夠得到更多的表現機會。

品格是無法販售的，它只能透過我們日積月累的良好行為而累積出來。亞理斯多德曾說過，只有多做好事，才有可能成為好人。只是去探討什麼是好事，但卻從來不去做，是不可能因此而成為好人的。這就好像生病去看醫生，只是聽醫生的話，但卻不肯吃藥打針，病是不可能會好的。因此，品格乃是需要鍛鍊、培養的，只有努力地讓自己的行為以符合良好品格的方式去做，才有可能獲得良好的人格發展。

　　本書希望透過九個基本的品格特質來與大家一同思考品格的問題，藉由每一章節的五個單元－「自我問答」、「重要性」、「意涵與實踐」、「綜合討論」、「服務學習與品格教育」來建立起對品格的認知與實踐。

　　在「自我問答」的部分中，我們希望透過一系列的問題來幫助大家能夠較好的進入到我們的主題中，並提供一個自我檢視的機會，以加深對品格的認知與反省。

　　「重要性」這個單元，則是在說明這些品格為什麼會很重要？我們為什麼應該具有這些品格？具有這些品格對我們又有什麼樣的幫助？

　　「意涵與實踐」的單元，則是在說明這些品格是否有哪些方式可以幫助我們去落實它，以及它究竟在指涉些什麼？它的根本意義為何？

　　「綜合討論」的單元，則是藉由一些相關的問題、活動等來提供大家共同討論與思索，藉以更加釐清我們的認知。

最後一個單元的「服務學習與品格教育」，則是希望大家能夠從生活中自發地去找出實踐這些良好品格的方法，並透過實際地操作，來使我們真實地體會到一個良好品格所能夠對我們的生命產生的美好效應。

　　希望透過這些步驟，我們可以更加清楚地去理解並願意實踐這些良好的品格。

徐舜彥、黃苓嵐　謹識

徐舜彥

學歷：輔仁大學哲學研究所博士

現任：台北海洋科技大學健康促進與銀髮保健系 專任
　　　助理教授、台北海洋科技大學秘書室管考稽核組
　　　組長

經歷：台北海洋科技大學通識教育中心主任

　　　台北海洋科技大學通識教育中心專任助理教授

　　　輔仁大學哲學系、全人教育中心兼任助理教授

　　　玄奘大學通識中心兼任助理教授

黃苓嵐

學歷：輔仁大學哲學研究所博士

現任：馬偕醫學院醫學系 專任助理教授

經歷：元培科技大學通識教育中心 專任助理教授

　　　輔仁大學哲學系、全人教育中心兼任助理教授

目 錄
Contents

人為何需要道德

01
Chapter

徐舜彥　著

Character Education and
Service Learning

1-1 自我問答

1. 我們經常在電視劇或電影當中,看到演員扮演正派角色的「好人」和飾演反派的「壞人」,我們如何去判斷一個人的好與壞?

2. 你認為「好人」需要什麼條件?

3. 你認為人與人之間的交往,什麼是最重要的原則?

4. 你認為一個人的品德修養與專業知識何者重要？

5. 你覺得哪個國家或地區最適合生活？為什麼？

6. 你認為幸福的社會需要什麼條件？

1-2　重要性

　　品格教育(Character education)又稱為品德教育，其內涵主要在於教導求學中的青少年建立生活中正確的價值觀。品德教育的內容源自生活中最簡單的道德判斷，例如：何謂行為的「對」與「錯」、「好」與「壞」，透過問題思考與學習，將之落實於學生的生活行為之中。

　　然而在以往的道德教育中，時常因為授課老師的認知以及學校以升學考試為重點的教育方針，導致倫理或品德教育淪為教條宣導或生活行為規範，以致處於叛逆期的學子們無不將其當成老生常談的營養學科，因為與升學無關，因此品德教育在求學的過程中，常常被刻意忽略。

　　一個人在其一生之中所學得的學問很多，但是關於「品德教育」的部分，很多人都認為重要，但是卻都在升學考試制度下被忽視了。在今日的大學教育中，許多學校在考量學生將來的就業需求，課程中多所強調專業證照的取得與就業技能的學習，使學生求學往往傾向現實功利，只學習自認「有用」的科目，卻忽略了教育的目的是健全一個人的生命意義與價值，畢竟教育不是在訓練一群具專業能力的動物或機器，況且一個人的生活核心也不全然是以工作賺錢為目的，身為一個參與社會的知識分子，並不能夠只狹隘地關切到自己的權益獲得，同樣需要為自己生活相關的人、事、物盡一份義務，如果在一個社

會中，每個人都自私自利，相信這將不是一個和諧幸福的社會。試著想想，如果一個駕駛技術優良的司機，憑著技術在馬路上開車，卻不尊重行人和其他開車的駕駛，爭道搶快、闖紅燈不禮讓他人，就算他的技術再好，也不能說他是個優良駕駛；又如一個醫術良好的醫生，懂得很多醫學專業知識，卻在對待病人時沒有愛心與同理心，憑藉所學唯利是圖，難保不會為了私利害了病人。

因此我們在大學生活中，求取專業技能的知識固然對自己將來求職就業有所助益，但是除了學習這些專業技能的知識外，更必須明瞭我們學得了這些能力的目的：除了能夠求得生活溫飽外，更能憑藉所學造福人類社會！曾有某品牌手機廣告提到：「科技始終來自人性！」可以理解為一件科技產品，如果失去了對人性的關照，對人類的生活是毫無幫助的。如果一位科學家發明了一台拯救瀕危生命的儀器，而另一位卻製造出提供自殺的機器，雖然他們都以自己的專業技能獲得利益，但對於他人的生命關懷卻有著極大的差異。擁有專業技能卻不尊重別人，科技難免被誤用而非造福社會，這也是近年來社會上普遍強調專業倫理的原因。

在古希臘時期的哲學家亞里斯多德曾將學問分成幾類，但今日在大學所學的各學科中，筆者認為基本上可以歸納為兩大類：一類是屬於生活所需的技能知識，也就是將來透過這些所學的專業謀生賺錢，特徵是可以檢定考取證照；一類是屬於自我生命價值的增進與提升，因為是內在生命涵養的知識，無法透過考試檢定，對人的生活卻影響很大。這二類學問對人的生

活上而言都很重要，無法偏廢，就像考汽車駕照一樣，熟稔交通規則與開車技術，經過考試合格就能取得證照；但是開車遵守交通規則與注意行車安全則是屬於駕駛人對自己與他人生命的尊重。教育所強調的發展目標：德、智、體、群、美五育，絕大部分還是關涉到自我生命圓滿的全人教育提倡，其中「品德教育」即是重要的一環。愛默生說：「品格是一種內在的力量，它的存在能直接發揮作用，而無需借助任何手段。」

1-3 意涵與實踐

　　每當談及品格教育時，許多人常會認為品格教育是論及一些教條道理或是老生常談的規矩，不由地從內心衍生排斥的感受，認為我們從國中、小學都已經念過相關的公民道德課程，為何還要再次強調品格學習的重要性。然而大家可以試著捫心自問，已經知道的規矩道理，是不是每個人都一定會遵行不悖？所以對於許多的學問，學習完畢可以舉行測驗或是考張證照，證明自己完全獲得相關知識，但是關乎道德品格的學問，卻不是考試得滿分或取得證照就行了，如果不親身實踐遵行或對自己生活生命有所助益，品格這門學問還是不及格。

　　人們在日常生活之中，會去選擇觀賞電視劇或是電影做為生活休閒娛樂，依據我們以往的經驗而論，飾演正派角色的演員常常成為觀眾眼中的英雄偶像，而扮演反派的演員則經常不受觀眾歡迎，甚至走在路上還遭到分不清戲劇與現實生活的戲迷怒目相視，是什麼原因造成觀眾對演員的好惡如此差異呢？原因在於這些演員所扮演的角色在行為的展現上，合不合乎我們所認同的正當、正義，而這些標準即是我們所認知的道德行為。所以當一個英俊或美麗的演員扮演壞人時，我們常不會因外表而認同其行為；相反的，扮演了正派角色的演員，無論美醜，每個觀眾無不投以讚許與認同的眼神。

　　大家回想一下格林童話「白雪公主」故事片段：當白雪公主為逃避後母的追殺，躲到森林裡小矮人的家之後，壞心的後母皇后扮成一個老婦人，拿著有毒藥的蘋果請白雪公主吃…。這個故事的想像畫面有個有趣的問題，因為每個人刻板印象是一位醜陋的巫婆拿著蘋果遞給白雪公主，但是故事已經告訴我們，壞心的皇后可是世上數一數二的美人，因為嫉妒白雪公主比她美麗而使出壞計謀。因此人的外表不等於人的內在品格，但人的內在品格與展現的行為卻會影響我們對人的觀感。人的品格與外在，就如同裝著貴重寶物的寶藏箱一樣，無論箱子的外表美麗或污朽，人們期待的總是箱子當中所裝著的寶物，因此一個人的品格修養才是我們所重視的人生寶藏，而不是外在的裝扮。

　　在課堂上曾經問過學生，今天如果你因為某些原因必須要移民到其他國家或地區生活，並且自己可以自由地選擇所喜歡的地區長久定居，請問你會選擇哪裡？學生所回應的答案通常具有一些共同的條件，這些地區或國家必須是生活自由、富足的地方，相對的鮮少學生會選擇戰亂、專制等朝不保夕的居住環境生活；但無論所回覆答案為何，有一些條件是不可忽略的，也就是一個適合人們生活的理想社會，居民一定是具備重禮、守法的基本品德條件。如果一個社會隨處可見自私自利、不尊重他人、不講誠信的居民，就算生活再富足、自由，也不是一個理想的幸福環境。

　　時常聽到長輩們提及早年的台灣社會，雖然生活上的物質環境並不好，但人人純樸努力、知足惜物，鄰居鄉里彼此噓寒問暖，村裡只要有哪家、哪戶出現困難，常常是街坊鄰居相互集體幫忙；反觀今日社會，生活物質比起以前好很多，人與人之間的關係卻變冷漠了，住在同一社區的鄰居，彼此間都不認識。有人曾開玩笑地說，現在夜歸婦女走在暗巷時，害怕的不是惡犬，而是不認識的陌生人。台灣社會在經濟建設蓬勃發展，學問與專業技術日益精進，然而對於人文關懷，尤其是對人我關係的維持、品德修養的認知卻日漸淡薄，耆老所懷念台灣早期生活的部分，其實就是人們本該具有的和諧安樂的品德生活。

　　柏拉圖對話錄《理想國》(Republic)第二卷中提到一則寓言，故事描述一個牧羊人在一場暴風雨與地震之後，發現裂開的地殼深淵中奇異的事物，其中有一具屍體手上戴著一只金戒指，於是牧羊人將金戒指取走並戴在自己手上。在一次晉見國王的聚會中，無意間發現他所戴著的這只金戒指具有讓自己隱形的能力。最後這個牧羊人就利用隱形戒指的功能勾引皇后，並謀殺國王奪取王位。

　　這寓言提示我們，一個人如果擁有別人看不見的隱形能力時，人們將隨心所欲去做他想做的事，而非他應該做的事。也就是當一個人的行為不再受社會規範所約束時，他的行為必將以自己私欲為考量，如果每一個人都以私欲為行為依據，整個社會必將混亂不堪，每一個人的生命財產將無法獲得保障。

　　日常生活中常見人們重視自己權利的獲得，卻忽略了我們應盡的社會義務，就如同隱形戒指的例子所言，每個人重視自我私利是天性，一個人違反道德或許可獲得自己私人利益，就像排隊買票一樣，我想插隊可以免去排隊所浪費的時間和辛苦；我想闖紅燈，因為我要趕時間。一旦每一個人都以自我利益為優先考量而沒有人願意吃虧時，就會變成沒有人願意排隊，反而大家都沒有買到票；沒有人願意等紅燈，所以路口堵成一團。這種只在乎自己私利而忽略公利的狀況下，大家都得不到好處。

　　所以當我們遵守道德時，表面上好像比較吃虧，但如果每個人都遵循該有的行為規範，則將獲得更大的幸福生活，相反地，一個沒有道德的社會，就將會是一個自私自利的社會。希臘哲學家蘇格拉底說：「一個沒有經過反省的生命是不值得活的。」亞里斯多德也認為：「美德是幸福人生的必要條件。」我們無法決定自己的生與死，卻可以把握我們如何活出生命的價值，品格與道德就是我們可以決定生命價值的關鍵。

1-4 綜合討論

問題討論

1. 請試著描述一個沒有倫理的社會，它會是什麼狀況？

2. 你是否能夠想像或者接受這樣的狀況：你的朋友對你說謊話、你的男友／女友劈腿、公司老闆惡性倒閉、小偷光顧你的家裡、老師給分不公平、餐廳老闆賣黑心商品給你導致生病、走在路上卻莫名其妙被打、公務人員貪污收受紅包……

3. 如果你有一枚隱形戒指，你會做些什麼？

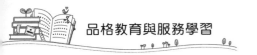

memo

服務學習與品格教育

✐ 服務學習記錄表

班級	
姓名	
服務學習日期	
服務學習地點	
服務學習對象	
服務學習目標	

本次服務學習的過程中，遇到了哪些困難？或者發現了什麼之前沒有注意過的問題與現象？	
本次服務學習的過程中，最讓自己印象深刻的事情	
本次服務學習的過程，讓你學到了哪些能力？	□ 溝通能力　　　　□ 解決問題的能力 □ 同理心　　　　　□ 觀察力 □ 自信心　　　　　□ 表達能力 □ 思考與分析能力　□ 專業技能 □ 合作協同能力　　□ 領導能力
透過本次服務學習的過程，你覺得自己有沒有改變？在哪些地方？	

本章心得與感想

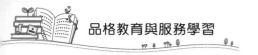
memo

行為與價值

02
Chapter

徐舜彥　著

Character Education and
Service Learning

2-1 自我問答

1. 為何有人會為了吃牢飯而去搶劫？

2. 自尊與金錢你會選哪一個？為什麼？

3. 人們為何追求金錢、名位、權力、榮譽、健康等等事物？

4. 請你列出五樣最有價值的事物，並將他們依照重要性排序。

5. 你認為什麼才是永久的幸福或快樂？

6. 你覺得一個人要擁有多少財富才稱得上是幸福的人？

7. 大多數人認為：有錢人不一定是幸福的人，但沒錢的人
   一定過得不幸福。你認為呢？

8. 你認為財富是獲得幸福生活的必要條件嗎？

2-2　重要性

　　提到「品德教育」就會涉及到我們的行為問題，每一件事都是因行為造成的結果，給予贊成與反對的意見，也就是對行為結果提出「好、壞」或者「對、錯」的判斷。所以一個行為是否可以去做，行為所產生的結果常常成為我們判斷行為正當性的重要依據。行為所產生的結果既然有好壞、對錯的評價，代表著人們對於行為有一種規範標準，只要行為符合於大家所認可的，即是對的、好的行為；不符合眾人所認同的，稱為錯的、壞的行為。然而這種規範標準由何而來呢？從表面上來看，似乎是來自於外在社會環境的要求而來，但仔細分析卻發現其實來自於我們自身的責任與義務。

　　關於行為規範的學習，最早出現在我們幼兒的行為學習時期，在我們小的時候常常看見桌子上擺放的東西，如果是糖果、餅乾，可能拿了就往嘴裡塞，如果是玩具，可能直接拿了就玩，這種反應就如同一般的動物本能：餓了就吃、累了就睡，是一種受天生自然慾望喜好所驅使的行為。但是在我們還無法完全判斷對錯的時期，可能未經同意就拿別人的東西吃，或是將危險的工具當成玩具，因此父母長輩對於我們的行為就會給予肯定或否定的回應，藉助父母或長輩所教導的這些經驗，我們慢慢建立起自己行為的對錯依據，以使我們行為趨於合乎社會的是非標準。台灣俗諺說：「細漢偷挽瓠，大漢偷牽牛。」

指的就是小時候沒有建立正確的行為好壞標準，以致將錯誤的行為變成一種習慣而產生不良的後果。中國早期思想家荀子所提倡的「性惡論」，其實所強調的就是這種未經教導的行為順其發展後所產生的結果。如果每個人順著天生的自然慾望任其發展，必然會變成你爭我奪、自私自利的社會。

判斷行為除了結果以外，關於一件行為的「動機」也可能是影響行為對錯的參考。一件對的行為，可能基於惡的動機；一件錯的行為也可能出於善意，例如「善意的謊言」，說謊大部分所造成的結果都是不好的，且謊言本身就是不誠實的錯誤行為。但是謊言如果是出自善意的動機，則動機就成為這個行為的正當性依據。今天一個醫生發現病患罹患無藥可醫的絕症，對患者說出實情可能無助於病患的求生意志，或許選擇善意的謊言會比說出實際病情會更有幫助。又例如「惡意的善行」，有小偷闖入鄰居家偷竊，無意間發現鄰居瓦斯外洩中毒昏迷，因此救了鄰居一命，雖然結果是好的，但是最初的動機卻是不善的。

在西方倫理學中，通常將行為分為幾種類別，分別是：對的行為：指我們有義務或責任去遵守或實踐的行為，例如誠信待人、幫助他人等。錯的行為：指道德上我們有義務或責任去避免發生的行為，例如說謊、偷竊等。超出義務的行為：這一類的行為已經超出了我們義務或責任所要求的範圍，因為超過了我們的責任或義務，所以切實遵行的人需有極強烈的道德勇氣，我們稱為義行或典範，例如捨己救人或伸張正義等。另外還有中性的行為：指這類行為無關對錯，行為結果不受責任或

義務限制，例如午餐要吃麵還是飯、課閒時間要讀書還是去打工等。所以行為的好壞、對錯，除了考量是否為我們應盡的責任或義務之外，還要考量到行為的動機以及行為所產生的結果。

在《論語·子路》篇中曾記載葉公與孔子的一段對話：「吾黨有直躬者，其父攘羊，而子證之。」孔子曰：「吾黨之直者異於是。父為子隱，子為父隱，直在其中矣。」今天看到自己的爸爸做了犯法的事，兒子需要去告官舉發嗎？在這段記載中，顯然孔子所考量到做兒子的行為，除了檢舉不法的責任義務外，其實還需考量到親情的責任與義務。

在孔子的弟子中，曾點與曾參是父子關係，傳說曾參有一次在瓜田除草，不小心將瓜根給割斷了，曾點一時情緒激動，生氣地用棍子把曾參打到昏死過去，過了很久才甦醒。曾參清醒後向父親賠罪，為了不讓爸爸擔心，他還操琴唱歌，以示身體健康。孔子聽說這件事後，將曾參叫來責備說：「小杖則受，大杖則走，今參委身待暴怒，以陷父不義，安得孝乎！」可見在行為的是非判斷上必須考量到許多因素。曾參孝順父親的行為，不忤逆長輩是好的行為，但這種行為可能導致父親在暴怒氣憤下失手將曾參給打死了，這結果非但不孝，更是不智。

因此我們在日常生活中，有時會因一時的疏忽而犯了嚴重的過失，也可能因自己舉手之勞而幫助了許多人。對於行為的對與錯判斷，必須經常進行反省與檢討，久而久之遇到相類似的情境時，才可能做出正確的判斷，做善事是一種習慣，做壞

事也是一種習慣，因此一旦遇見突發事件時，我們就會憑藉習慣的思維做出決定，這也是為何我們要養成隨時做好事的原因。

2-3　意涵與實踐

　　行為的好壞、對錯雖然可以依據是否合乎義務責任或結果、動機來評斷，但是從行為本身來分析可以發現，人的「行為」與「動作」是不一樣的，「動作」是人在不知不覺中，憑藉本能所產生的活動；「行為」則是人透過理智認識與意志同意下，自主自決的明知故意活動。所以「行為」是人在權衡利害得失後所同意去實踐的活動，而「動作」則是人在無意識的狀態下直覺反應。例如一大早某位同學走進空無一人的教室，突然發現講桌上有張千元鈔票，這時腦中會有許多的念頭閃過，在理智與意志的考量權衡下，產生拿或不拿的行為活動，而伴隨出現環顧四周注意有沒有其他人看到，則是屬於動作反應。

　　在上述的例子中，如果講桌上只是一張廢紙，或許我們不會去注意到它，但這一張紙如果是鈔票，為何我們會被它引發產生行為活動？原因在於這張鈔票具有「價值」，透過它我們可以獲得利益。一個行為的產生，最先是由意志發現有利益的價值事物，然後經過理智判斷應不應該獲得它。所以行為的首要目的即是獲得「善」：理智是認識的官能，明辨是非、善惡、真假；意志是追求善的慾望，因為對象是一切有價值之物，只要是能夠滿足自己慾望的東西，都是意志追求的對象。意志的功能是「趨善避惡」，是一種盲目的追求能力，因此意志必須倚賴理智的指導。

　　既然我們的行為可以解釋為一種追求善的活動，但什麼是「善」？簡單地說，就是有價值的事物。柏拉圖對話錄《理想國》(Republic)中提及蘇格拉底將有價值的事物分成三類：本身是好的，例如幸福、單純的快樂等。本身是好的，並且其所造成的結果也是好的，例如知識、健康等。以及本身無所謂好或壞，但其價值是因為會導致好的結果，例如藥品、金錢等。蘇格拉底則將價值之物分為：內在價值：指事物本身就具有價值，值得人們去追求。以及外在價值：指我們獲得這些事物，是因為它們可以幫助我們實現追求的對象。

　　既然我們的行為都是追求有價值的事物，所以我們可以分析「上課」這一件行為：請問上課的目的是什麼？同學或許會回答「為了求得知識學問！」（內在價值）但是許多同學會說是「為了學分」或「為了畢業證書」（外在價值）。然而再追問：獲得畢業證書為了什麼目的？可能的回答是「成就自己的生命意義」（內在價值）或「為了找工作賺錢」（外在價值）。如果再問：工作賺錢為了什麼目的？大部分的人會說是「為了幸福快樂的生活！」（內在價值）但是獲得快樂幸福的生活只能透過工作賺錢才能「買」到嗎？

　　我們一般常把快樂或幸福，誤認為是物質事物的獲得，媒體也不斷地灌輸富豪的享樂生活，造成許多人羨慕與錯誤認知，認為工作賺錢就能獲得快樂與幸福。如果今天金錢可以獲得幸福與快樂，那麼全台灣的十大首富就是最幸福快樂的一群人了？答案顯然不是！再多的錢也買不到健康、生命和尊嚴，有錢的富豪只是讓我們羨慕，並不會讓我們對其表現尊敬。相

反的像社會中許多默默行善、奉獻的這些人，才讓我們由衷的
欽佩。

提及行為的價值理論，就必須提到西方「享樂主義」學說。
享樂主義認為：世界上值得我們追求的事物，就是快樂或幸
福。一切有價值的事物都是藉由快樂所導出，任何有價值的經
驗都是提供快樂，因此是唯一具有內在價值的事物。其中又分
為：

1. 官能論(Sensualism)：快樂與幸福也就是感官經驗上的享
   受。例如美味的食物、好聽的音樂等，因此幸福的多寡，
   就是依據感官經驗所接受到快樂強度來定義，對於身體上
   的受傷、痛苦，生活上的疲累緊張、壓力、空虛、寂寞等
   等，會造成感官不愉快經驗的事物都要去避免。

2. 滿足論(Satisfactions)：快樂並不只是感官的享受，快樂或
   幸福還必須包含心靈的或精神層次的滿足或享受，因此快
   樂或幸福是一種精神上滿足的意識狀態。

「官能論」將快樂與幸福解釋為感官上的享受，似乎將倫
理的價值過於簡單化，因為感官上的享受並無法解釋精神上的
喜悅。例如同樣都是享受美食大餐，在假日前一晚品嚐與在期
中考前一晚品嚐，雖然感官上都是享受美味，但在精神愉悅上
卻大不相同。而「滿足論」分別了「滿足」與「快樂」是不同
的感覺，才能解釋被虐狂享受「痛苦」的行為。

　　然而人所享受的幸福快樂並非和動物的快樂一樣，人所追求的是更高官能的滿足，因此除了感官的快樂外，更要追求知性、情感、成就與道德等更高價值的快樂。英國社會學家彌勒(John Stuart Mill, 1806~1873)認為，只有快樂或幸福才具有內在價值，所謂「幸福」就是「快樂的獲得與痛苦的解消」。因此得到快樂和解除痛苦是人唯一追求的最後目標，其他可被追求的事物，都是為了達到「快樂的獲得與痛苦的解消」的手段。動物性的快樂，在性質上較低，無論快樂多寡，都無法滿足人在快樂品質上的需求；所以只有不幸的人才會願意降低快樂品質，交換動物所需的快樂。因此彌勒提出：「寧願當一個不滿足的人，也不願當一隻滿足的豬。」

　　我們的行為雖然都是為了追求生活上的幸福快樂，但就價值上來說，物質或肉體上的幸福快樂比較容易獲得，但也較容易失去，就像吃完大餐時充滿飽足感的幸福，但過了幾個小時後又會飢腸轆轆，甚至有時享受物質的快樂會帶來痛苦的副作用，例如吃壞肚子或體重增加等。相對的精神上的滿足快樂，卻是長久安全的，就像聽完一首歌或是閱讀完一本書的滿足愉悅，旋律與知識是常駐內心而不會失去！至於我們的道德行為也是相同的，一個良好品格，所帶來的是生命的完滿與內心的喜悅。曾經聽過人們說，一個常做壞事的人，長久下來必定難以啟齒對人提起做過多少壞事；而一個樂於行善的人，必定欣然回憶之前幫助過多少人、做過多少好事，每當回憶起來內心一定充滿成就與喜悅。如同莎士比亞所說的：「生命是短促的，只有美德能將它流傳到遙遠的後世。」

2-4 綜合討論

🎥 電影《銘謝吸煙》(Thank You for Smoking)

上映年分：2005 年

片長：92 分鐘

出品：Fox Searchlight Pictures

導演：Jason Reitman

　　《銘謝吸煙》故事內容是描述一個辯才無礙的菸草公司發言人，如何為菸草公司形象以及香煙的銷售，努力盡到自己工作職責，利用自己的口才反應上媒體遊說群眾，並使大家模糊香煙所帶來的危害。在為香煙產業辯白的過程立論有趣且頗具獨特的觀點，其中展現邏輯上的詭辯技巧，運用非黑即白的矛盾方法指出反煙者的立論有誤，卻沒有證明其論點是正確的。

　　然而主角在自己遇到的一些生命威脅與出席國會的公聽會時，突然間發現自己的主要責任是在教導像自己小孩一樣年紀的青少年，如何分辨是非與生活中的危險，並且強調自由抉擇的價值。

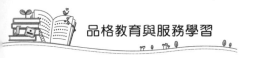

想一想

1. 我們的工作是否需要符合道德的要求？或者只是能讓我們賺到錢就好？

2. 你認同故事主角的立場嗎？你覺得他的話有道理嗎？

3. 你覺得我們需要為自己的選擇負責任嗎？

服務學習與品格教育

✏ 服務學習記錄表

班級	
姓名	
服務學習日期	
服務學習地點	
服務學習對象	
服務學習目標	

本次服務學習的過程中，遇到了哪些困難？或者發現了什麼之前沒有注意過的問題與現象？	
本次服務學習的過程中，最讓自己印象深刻的事情	
本次服務學習的過程，讓你學到了哪些能力？	☐ 溝通能力　　☐ 解決問題的能力 ☐ 同理心　　　☐ 觀察力 ☐ 自信心　　　☐ 表達能力 ☐ 思考與分析能力　☐ 專業技能 ☐ 合作協同能力　☐ 領導能力
透過本次服務學習的過程，你覺得自己有沒有改變？在哪些地方？	

本章心得與感想

memo

行為與自由意志

03
Chapter

徐舜彥　著

Character Education and
Service Learning

3-1　自我問答

1. 為什麼一個精神有缺陷的病患犯了法，不必為自己的行為負責？

2. 為何酒醉在無意識狀態下開車肇事，需要為自己的行為負責？

3. 你覺得「只要我喜歡，有什麼不可以」算不算自由的展現？

4. 你覺得什麼樣才叫真正的自由？

5. 你的決定常會受到什麼因素的影響？

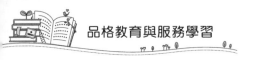

3-2　重要性

　　「品德教育」所涉及的對象是人的行為展現，而行為的價值基礎即在於人的意志之自由，人如果沒有意志的自由，則一切行為的結果就談不上好壞、對錯。所以意志的自由與人的責任緊密相關，人對於自己身體上的缺陷或者自己天生能力的好壞，可以不必負責，因為並非是自己所可以決定的事物，但對於自我的行為卻一定需要負責任，因為那是來自於自己的自由決定。

　　在前一章的行為定義中提到，「行為」是人透過理智認識與意志同意下，自主自決的明知故意活動；所以「行為」是人在權衡利害得失後所同意去實踐的活動。其中的「自主自決」所隱含的條件即包含了「自由」，如果沒有自由的條件，則行為變成是被強制執行的活動而沒有其他選擇性，如此情況下所展現出來的行為就不是自己的意願，當然就不需要負責任。例如被暴力威脅下所簽下的文件或是意識不清楚、無自主能力之下所做出的行為等等，這些情況都是處於人們無法自由抉擇的條件下所做出的選擇。

　　人需為自己行為負責任的基礎，除了自由的意志選擇行為之外，更主要來自理智的認識。一個理智認識不清楚的人，基本上可以不必為自己的行為負責，原因在於沒有理智所指導的意志活動，都是無法自由做出抉擇，一切憑藉本能活動。就像

一隻狗無法抗拒食物的誘惑一樣，餓了就吃、累了就睡，一切都是無法抗拒的。所以一個患有精神疾病，無法判斷是非的人犯了法，在刑法上是免責的；又例如一個未成年的兒童，所簽下的任何契約在法律上是無效的，理由也在於理智尚未成熟，所以在行為的判斷上會出現錯誤。因此一個理智認識清楚，且意志可自由抉擇的人，其做出的行為判斷，即要為自己的決定負責任。

　　意識不清楚的行為責任，對於喝醉酒開車肇事的責任判定較為清楚，因為在喝酒前我們明知酒後無法判斷方向與路況，放任自己喝酒開車，對酒後肇事的後果當然需要負責任。然而在許多社會新聞中，常見到一些犯法的嫌疑人，面對檢察官的質詢時，特別強調自己患有某些精神疾病，或者因為自己服用了某些醫療藥品造成意識不清，對於所做的事情無法清楚判斷是非，藉此來為自己的行為責任辯駁。但是我們身為一個人，並非隨本能行動的動物，在發病之前是否可預知在何種情況下無法控制自己的行為，是否有妥善盡到預防錯誤行為的責任？這是值得我們討論的。

　　德國哲學家康德(Immanuel Kant, 1724~1804)認為人之所以為人，是因為人具有其價值與尊嚴，可以從事倫理道德的行為。由人的動物性來看，人的身體機能與動物相同，都是受到自然本能所決定，生理需求與生老病死都是一樣的，例如一個快要餓死的人，為了活命就算是掉在地上的食物都會撿起來往嘴裡塞，這和其他動物求生本能是一樣的。但是由人的理性來看，人依據理性所從事的行為是道德，而實踐道德也就是展現

人的自由；不受生理需求所束縛，對抗利己的自然本性，也就是道德良心。

「趨利避害」如果是動物本能，「捨身取義」則是人違反動物性本能的道德作為。違反自然本能的自願行為，展現的是人的自由決定，也是人之所以為人的特質，也就是人的尊嚴特性。所以就算一個人快要餓死了，也可能基於尊嚴或良心道德，寧可餓死也「不食嗟來食」。人之所以有種違反動物本能的行徑，正足以證明人具有自由抉擇的能力，一個人若是完全憑著動物本能去做事，也就等同放棄自己身為人的特點。

人的意志自由指的是意志自主自決的能力，價值在於人自由做出選擇，也就是具有對任何事物說「要」或「不要」、「是」或「不是」的權力。一般人認為「自由」應該是隨心所欲，想做什麼就做什麼，「只要我喜歡，有什麼不可以！」，其實這種隨自我本能喜好去從事的行為，反而是不自由的行為。真正自由的人，是面對抉擇上可以同意或反對的，很多事物都是我們喜歡的，但是我們可以選擇善的事物去從事，而拒絕為惡的事物。例如一個無法抗拒美食的人，想吃什麼就吃什麼，完全由飲食慾望所宰制，如同動物受到控制一樣，反而是不自由；相反的一個受毒癮所害的人，能抵抗毒品的誘惑，拒絕再受毒癮所控制，這才是自由的展現。人的行為是出於自由意志所決定，所以人們可以為了自己的理想，選擇與自己慾望相違逆的事物。

3-3　意涵與實踐

　　曾經有人問：「一個人和一隻狗，除了外在特徵外，有什麼不同？」所聽到的回答是：「你餵養小狗十次，無理莫名地打牠一次，下次牠見到你一樣搖著尾巴歡迎；一個人你待他好十次，不由分說地打他一次，下次見到你時還是會怨恨記仇。」這個例子說明了動物對於事情的判斷，完全取決於本能的認識能力，但一個人的判斷卻是出自理智的思考認識，人對於外在事物的反應，除了被動的接受之外，還會去思考「為什麼」的問題。所以動物憑著動物的本能生活，本能驅使牠做出求生的行為；但是人的生活，除了求生存以外還會思考如何活得幸福、活得有價值。這種能力就需要藉由理智的認識去明瞭自己行為的動機、目的以及過程。

　　當我們選擇去實踐道德行為時，以「趨利避害」的功利考量上來看，堅守道德原則判斷似乎是件吃虧的事，比如大家都在插隊，而自己卻堅守排隊次序，一點便宜都沒撈到；大家都隨手丟垃圾，我不亂丟垃圾卻還幫忙清理環境等。雖然我們會覺得好像違反規則的人，比較佔便宜，一旦大家都是以「唯利是圖」的觀點作為行為標準時，如此社會將會變成彼此計較與爭奪的社會。如果今天大家為了一時方便都亂丟垃圾，則我們勢必會生活在髒亂的環境；在公車上你覺得讓位給需要座位的人是吃虧的事，則將來就不要寄望在你需要時別人讓座給你。

　　因此在理智上所做出的判斷好像違反了意志對利益的追求，其實不然。西方社會學家霍布士(Thomas Hobbes, 1588~1679)曾提出一種假設，如果人類所處的環境是一種沒有任何道德束縛的「自然狀態」(state of nature)，在這種環境中，每一個人都有自己絕對為所欲為的自由，每一個人可以任憑自己的喜好去從事自己喜歡的事物，你覺得生活在這一種環境中會得到幸福快樂嗎？答案是否定的。

　　霍布士認為這種為所欲為的社會，其實就是一種野蠻生活的狀態，他稱之為「戰爭狀態」。當人們都以利己的需求爭奪人類賴以生存的有限事物時，勢必導致相互競爭；在這種野蠻的自然狀態下，只能憑藉自己勝過他人的「力量」才能保障自己擁有的事物不被他人所搶奪。在這樣的情況下，人與人之間互不信任，隨時擔心自己淪為弱肉強食下的犧牲者，大家自私自利相互設防，人的生活最後將變成孤獨、卑鄙、野蠻、恐懼的生活。

　　霍布士認為，如果大家要逃離這種戰爭狀態的生活，就必須彼此和平共處，不能再以自己的私利為所欲為，彼此訂定契約限制每一個人自由的規範，而這契約就如同我們生活中的道德規範一樣，如果大家遵守契約就是遵守道德要求，對於大家的生活保障是最有利的。而且遵守道德規範所獲得的好處，並非只有在物質層面得利，在精神與安全所獲得的保障更是每一個人所願意選擇的，所以一個幸福快樂的社會環境，也就是一個道德實踐的社會。

　　因此實踐道德行為是出於我們的理智認識所做出的自由抉擇，同樣地，有人違反道德原則選擇自私自利，同樣也出自自由的抉擇。在我們決定自己的行為實踐時，我們透過理智認識衡量判斷並藉自由意志做出選擇，因此需為自己所做出的決定負責。身為一個生活在社會中的人，我們不是野蠻自私的動物，具有身為一個人的自主能力，在面對不公義的事情時，我們可以選擇逃避或面對，但必須為自己所做出的決定負責。

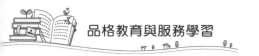

3-4　綜合討論

 **電影《楢山節考》（ならやまぶしこう）**

上映年分：1958 年

片長：98 分鐘

出品：松竹電影公司

導演：木下惠介

　　楢山節考是改編自日本小說家深澤七郎所著的同名小說，故事敘述日本古代信州地區深山叢林中清寒村落的棄老傳說。村落百姓生活非常窮苦，且食物收穫有限，男人為了生存每天都很辛苦的工作，通常女嬰一出生就賣給山下賣藝人家，換錢來貼補生活所需，而生男嬰則會丟棄任其夭亡，因為男嬰沒人要買，且養大到可以工作所耗費的食物不敷成本。在這個山中村落還有一個不成文的規定，老人家到了 70 歲的年紀，就要由兒女背到深山野嶺等死，避免老人家無法工作卻浪費家裡的食物。故事主角阿玲婆年屆 69 歲，為了讓孫子多一口飯吃，忍痛拿起石頭敲掉自己的牙齒，讓自己看起來蒼老一些，並要求兒子遵守村落的習俗將自己背到山中丟棄。故事情節深刻地描繪出，在嚴苛的生存環境之下的人，面對自然環境殘酷的生存法則與人倫親情之間的矛盾衝突。

💬 **想一想**

1. 你認為親情可以用物質取代嗎？

2. 如果你生活在影片中的環境下，你會怎麼做？

3. 如果你自己的生活也非常拮据，你肯救助那些更需要幫助的人嗎？

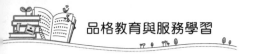
memo

服務學習與品格教育

✎ 服務學習記錄表

班級	
姓名	
服務學習日期	
服務學習地點	
服務學習對象	
服務學習目標	

本次服務學習的過程中，遇到了哪些困難？或者發現了什麼之前沒有注意過的問題與現象？	
本次服務學習的過程中，最讓自己印象深刻的事情	
本次服務學習的過程，讓你學到了哪些能力？	☐ 溝通能力　　　　☐ 解決問題的能力 ☐ 同理心　　　　　☐ 觀察力 ☐ 自信心　　　　　☐ 表達能力 ☐ 思考與分析能力　☐ 專業技能 ☐ 合作協同能力　　☐ 領導能力
透過本次服務學習的過程，你覺得自己有沒有改變？在哪些地方？	

本章心得與感想

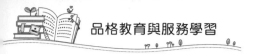

memo

責任與社會

04
Chapter

徐舜彥　著

Character Education and
Service Learning

4-1　自我問答

1. 你覺得什麼樣才叫做負責任的行為？

2. 做為一個大學生，你認為應該承擔哪些責任？

3. 你如何去認定一個人是具有責任心的人？

4. 如果你的朋友是沒有責任心的人，你會如何與他的相處？你能信任他嗎？

5. 如果你的朋友是個非常沒有責任心的人，請問你對他會有什麼樣的評價？

6. 若別人嫌棄你是個沒有責任心的人，你會有什麼感受？

4-2 重要性

　　「責任」這一詞所含括的意義，指的是一個人在自己的本分內必須做自己應該做的事，同時也涉及到一個人需要為自己的行為結果，提供給予其他人評價好與壞，並且承擔自我的行為結果。在前面提及人的行為是人透過理智認識與意志同意下，自主自決的活動，因此每一個行為都是可以自己決定是否去實踐它，因此對於行為的合宜與正當性，就在於行為的結果是否符合社會期許，換言之，一個人的責任是取決於他的行為展現，是否符合社會賦予的職責，這也就是責任的重要意涵。

　　在古希臘時期的《荷馬史詩》中，反映出早期西方責任與社會的關聯性，在荷馬史詩中所透露的希臘社會，是重視個人對於自我事務的履行，也就是一個人是否貫徹自己在社會中所應負擔的職責，這就是合於道德或是善的內容。因此在一個國家社會的組成分子中，無論你是一個國王、還是一個戰士，抑或是一個公務人員、還是一個平凡家庭的丈夫或妻子，對於社會賦予他們在角色上的職責要求，可能是智慧、仁愛、勇敢、忠誠、正義、廉潔、慈愛或貞節等等。每一個人無論其社會職責不同或所擔任的角色各異，同樣都需要確實履行這些社會所期許的德行要求，如此才能合於自我應盡之責任，也就是遵守道德與善。

　　至於一般所謂的羞愧或恥辱，《荷馬史詩》中所隱喻的，就是指一個人無法實踐社會所賦予他應達成職責，該扮演好其社會角色卻無法做到的失敗感覺。一個人會感到恥辱、感到羞愧，也就表示這個人已經意識到了我沒能達成其他人希望自己所應扮演好的社會角色，並且是我與其他人都認定自己可以勝任並執行的職務，由於自己在職責上的失誤，導致給予了別人可以指責我的權利。換言之，每一個人都具有社會所期許的職責需履行，一旦忽視實踐自己應該去實行且自己能力可以做到的職責，所導致的就是自我的羞愧或恥辱。

　　看看今天社會許多的新聞事件，很多都是忽視了自己在社會所應負起的責任，導致許多社會問題的產生。比如餐飲業者在食品的添加物或保存上，具有維護消費者健康的責任；新聞大眾傳播媒體對播放的內容，具有維護社會正確價值觀與端正風俗的審查責任；政治人物對於所擔負的選民承諾與政策推動，具有為國民監督或造福社會百姓的責任。然而這些社會責任一旦被忽略了，難怪乎會出現商人為了獲得暴利，違法添加有毒物質或販賣過期食品、新聞媒體為獲得銷售數量，刊登腥羶內容或不實謠言、聳動偏激的新聞、政治人物為了私人權力與利益，收取賄賂、枉顧全民福祉等等事件，再三地呈現社會之中有許多自私自利的人，對於自我的社會責任沒有盡到應盡的職責，更曲解了社會價值觀及違背道德良心；除此之外，有些違背責任的人，對於自己行為絲毫不感到羞愧，還積非成是認為這是見怪不怪，別人可以昧著良心做事我為什麼不行，這種缺乏羞恥心與偏差的觀念將導致整個社會問題日益嚴重。

　　關於責任對於社會的重要性，除了西方的詮釋之外，中國的思想家們也有相關的說法。在《論語·顏淵》中記載：「齊景公問政於孔子，孔子對曰：君君、臣臣、父父、子子。公曰：善哉！信如君不君、臣不臣、父不父、子不子，雖有粟，吾得而食諸？」孔子認為一個好的國君，必須能治理國家達到一個君、臣、父、子各守其分的社會，由上到下每一個人都有應盡的職責：當國君的有當國君的權責，擔任臣子的有當臣子需盡的義務，當父親就要盡到父親照顧家庭的責任，而身為小孩子就要遵守晚輩的禮貌與孝悌；社會中的每個成員都謹守自己的義務與責任，社會必然安詳和諧。

　　齊景公顯然也是認同孔子的觀點，並回應說如果一個執政者不以百姓的幸福為念，只想吃喝玩樂謀取私利，當臣子的不忠於國君、不恪守職責，家庭之中父親沒照顧家庭撫育小孩、小孩不敬愛長輩，如此紊亂的社會秩序，人人失去依憑沒有安全保障，即使有再多的糧食積蓄，又怎麼能吃住得安心？所以孔子在這裡指出了每一個人必須謹守自己在社會中所擔任的角色與需遵守的職責，這就是每一個人的責任，如果不遵守自我的責任，必將產生許多的社會問題。

　　反思我們今天許多社會新聞，不乏因為違背社會責任所產生的問題：當官員的不在職責內造福百姓，卻汲汲營營於自己私利，最後被舉發落得聲名俱裂，鋃鐺入獄時有所聞；年輕父母受不了小孩哭鬧，管教過當將小孩打傷甚至毆死的家暴事件，或是父母親沈溺於網路遊戲，導致幼兒在家活活餓死的慘事也上過社會新聞；男女之間的交往，常常只貪求享樂而忽略

彼此需承擔的責任，最後因一方提出分手而導致暴力相向等等事件，都是忽略了自我責任的要求。

　　中國早期這種「君君、臣臣、父父、子子」的社會責任觀念，不單單是春秋戰國時代用來匡正社會秩序的藥石良策，就算在今日處理我們的社會問題，依然是確實可行的道理。「君君」可以詮釋為當老闆的，需要盡到照顧下屬的責任，如此員工才會盡心盡力為公司付出；「臣臣」可解釋為下屬盡心為公司努力工作，不要存心敷衍且隨時朝三暮四的想跳槽，公司有好的收益，自己的工作才能長久；「父父、子子」也就是為人父母的必須盡到身為父母親的職責，盡心照顧家庭與小孩，健全的家庭提供小孩安全依靠的成長環境；當小孩的要虛心接受長輩的教導，學習正確的觀念與規範，不要使父母長輩煩憂操心。甚至延伸至校園生活之中的責任詮釋，當老師的要盡到「傳道、授業、解惑」的責任外，更要關心學生們的生活困擾，學生除了課業學習之外，更要懂得團體生活中的待人接物道理，不要忽略了自己所擔任的角色責任。

4-3　意涵與實踐

　　在責任的重要性之中，所強調的是一個人需盡到自我在社會中所擔任角色的職責，因此在學生時期的相關責任學習上，更凸顯學生團體生活中服務學習的重要性。在今日大學多元化的教學方式中，有許多的課程規劃，需要分組討論活動以及分組作業報告等，每次在課堂中開始自由尋找組別成員時，有些同學特別受到其他人青睞與歡迎，相對的也有一些同學受到排擠，甚至避之唯恐不及；我們仔細去探討這些同學受到待遇的差別原因，發現同學是否受到接納，其主要的關鍵在於自己對於責任的態度有關。

　　相信曾在課堂分組工作的同學，常有這種同學處事態度的經驗：同一組的同學中，大部分的人對於自己所分派的工作，都會努力把負責的部分完成；有些熱心認真的同學不但會幫忙協助其他人，有時更會負起整組的相關事務工作；而同樣會有少數同學，對自己應負責的部分敷衍且不在乎，常常導致整組進度被延誤的不愉快經驗。這三種面對需負責任的處事態度，無論在人生的任何階段都有可能遇到；其中處事積極負責的人最受歡迎，因為對於自己或他人所交辦的事情盡力執行，這種負責的態度讓人信任且安心；相較於處事不積極並敷衍的人，最不受團隊歡迎，因其表現出來的行為態度，就是自私且不負責，與這種做事態度的人共事，最讓人感到憂心與壓力。

　　因此一個懂得負責任且願意負責任的人，在自我的生活上或是與他人相處上，無形間會獲得極大的歡迎，因為負責任是一種自我期許與自我規範，對於生活態度而言，是積極進取的。責任就道德的行為意義上來說，是屬於個人「應為」的行為範疇，而非消極的「能為」行為。「能為」是屬個人可以取捨的行為，由自己判斷決定是否要去實踐；「應為」則是屬於人的良心要求，是非實踐不可的行為，屬於人的自我要求。比如：期中考試到了，我在考前要如何用功準備考試，這是「能為」行為；期中考試我必須誠實應考，而不是用作弊方式得到高分，這是「應為」的行為。

　　道德責任與法律責任並不相同，道德的責任履行是基於自己內在行為要求，是主動的自我期許去實踐與承擔。而法律上的責任則是基於行為結果的權力義務歸屬，是被動的符合社會秩序運行。因此當某一位政治人物在接受媒體訪問時，曾自豪地認為自己是最優秀的政治家，他提出「在我的任期內，我沒有做出違法的事，也沒有收受紅包賄賂！」來證明自己比其他政客好；他卻忽略了好的定義不能用否定的方式來證明，正確的方法應該是舉出在其任內，積極為了百姓做了多少事，否則將淪為用不違法來證明自己是負責任的謬誤；所以一個好人不能只用他不做壞事，或是用不作弊來證明自己是好學生。

　　因此一個和諧安定的社會，普遍必須是一個負責任的社會，比起法律責任具備更多的義務與主動自發的自我要求。在捷運上讓座給更需要座位的人，不是因為法律規定我必須如此

作為，而是來自於我有責任應該這麼做，是發自內在的理智良心要求，而非外在的法律規範。因此當媒體大肆報導拾金不昧或是某些行善助人新聞時，也許新聞的初衷是為了宣揚日常生活行善觀念，將愛心感動社會大眾；但如果是把本來屬於生活中普遍的道德要求，當成社會罕見的善行義舉時，則我們人人需具備的社會責任，可能出現嚴重的問題。

　　梁啟超在《最苦與最樂》文章中說：「人生須知道有負責任的苦處，才能知道有盡責任的樂處。」又說：「盡得大的責任，就得大快樂；盡得小的責任，就得小快樂。你若是要躲，倒是自投苦海，永遠不能解除了。」責任既是與生俱來的各種階段、各種角色的自我職責，何不享受履行責任的踏實與成就之樂。

4-4　綜合討論

🎥 電影《出軌》(Unfaithful)

上映年分：2002 年

片長：122 分鐘

出品：20th Century Fox

導演：Adrian Lyne

　　《出軌》的故事不像一般電影，常用男主角作為外遇的故事情節，本部電影卻是以女主角外遇為主軸。故事描述愛德華（李察吉爾飾）跟康妮（戴安蓮恩飾）是一對生活優渥、有一個可愛兒子令人稱羨幸福家庭的恩愛夫妻。

　　某日康妮因在路上的意外受傷,認識年輕英俊的書商保羅（奧利佛馬丁尼茲飾），由於婚姻生活的平淡，康妮意外地對這位年輕男子產生好感，進而發展出對丈夫的不忠戀情。康妮的丈夫也發現妻子生活行為有些異常不對勁，甚至有所隱瞞，在無意的公司事件中，引發丈夫調查妻子的外遇事實，並導致一連串的衝突意外，在日後婚姻生活中並存著良心衝突與欺瞞。男主角為家庭努力奉獻一切，卻因為女主角的一時歡愉，使得一個原本幸福美滿的家庭瀕臨破滅。

💬 **想一想**

1. 你認為一個美滿的婚姻生活中，男女雙方最重要的責任為何？

2. 如果你是電影中的男主角，面對良心譴責的逃亡與家庭破碎的刑事責任，你會如何抉擇？

3. 電影中提到，很多錯事都是開始沒什麼大不了，最後卻後悔莫及，你認為呢？

4. 你認為整部電影之中，誰需為外遇的後果負責？

服務學習與品格教育

✏️ 服務學習記錄表

班級	
姓名	
服務學習日期	
服務學習地點	
服務學習對象	
服務學習目標	

本次服務學習的過程中，遇到了哪些困難？或者發現了什麼之前沒有注意過的問題與現象？	
本次服務學習的過程中，最讓自己印象深刻的事情	
本次服務學習的過程，讓你學到了哪些能力？	☐ 溝通能力 ☐ 解決問題的能力 ☐ 同理心 ☐ 觀察力 ☐ 自信心 ☐ 表達能力 ☐ 思考與分析能力 ☐ 專業技能 ☐ 合作協同能力 ☐ 領導能力
透過本次服務學習的過程，你覺得自己有沒有改變？在哪些地方？	

本章心得與感想

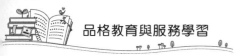
memo

自我認同

黃苓嵐　著

Character Education and
Service Learning

5-1　自我問答

1. 如果你要寫一本小說，並以自己作為書中的主角，請問你會怎樣對自己進行描述？

2. 你覺得你了不了解自己？

3. 你覺得別人了不了解你？還是你常會覺得別人總是在誤解你？

4. 這個世界上最了解你的人是誰？這個人為什麼是最了解你的人？這個人又是怎樣理解你的？

5. 你喜歡你自己嗎？你喜歡自己的哪些部分？

6. 你討厭你自己嗎？你討厭自己的哪些部分？

7. 你有崇拜或尊敬的人嗎？這個人的哪些地方讓你感到崇拜或尊敬？你覺得這個人有什麼東西是你所沒有的？你希望自己成為跟他一樣的人嗎？

8. 你有羨慕的人嗎？你羨慕這個人的什麼？你希望成為他嗎？或是你只希望"擁有"他所"擁有"的東西？

9. 這個讓你"崇拜、尊敬"的人，和這個讓你"羨慕"的人，你比較希望成為其中的哪一個？為什麼？

10. 你覺得自己有什麼東西，是別人所沒有的？

5-2　重要性

　　自我認同，包含兩個主要的問題，一是「你如何認識你自己？」另一是「你如何"認可"你自己？」，也就是說，所謂的自我認同，一方面要我們學習如何對自己進行理解，真實的認識我們自己（而非由他人來理解我們自己）；另一方面則是希望我們能夠成為我們所喜歡的自己，能夠打從心底地認同自己。

　　在這個世界上，想要獲得他人的喜歡與贊同並不容易，而他人對我們的認同與否也並非我們所可以控制的。因此，若我們連最基本的成為一個讓自己喜歡自己的人都做不到，那不就太可悲、太孤單了嗎？

　　所以，要成為能被他人所接納的人之前，我們至少必須先做一個"討自己喜歡"的人。我們是這個世界上最常跟自己相處的人，若我們都不能喜歡我們自己，我們又怎麼能夠寄望別人能夠喜歡我們？

　　而我們自己既然是跟自己相處最久的人，照道理應該是最了解自己的人，但很可悲的是，我們常常都是透過他人對我們的評價，來理解我們自己究竟是誰。我們常常以他人喜歡的方式，來"活出"我們自己，而忽略我們自己究竟希望成為什麼樣子的人。如果別人讚美我們，我們就覺得自己很不錯，如果別人討厭我們、否定我們，我們就覺得自己一無是處。

　　當然，別人對我們的評價，某部分而言的確可以作為我們檢視自我行為表現的一種方式。但是，如果我們把這種他人的評價，當作是對自我的全部認識，那則是一件既荒謬又可悲的事情。因為，別人對你的評價，並不一定能夠完整、真實地反映出「你是誰」來。他人的評價，包含了很多他自己的價值觀以及彼此立場上的排斥性在。這些東西，都有可能使他對你的解讀，帶有很大程度的主觀性、甚至現實考量在內。例如：你的競爭對手很可能容易對你採取一種比較負面的解讀，或者是容易去曲解你的行為動機與目的。比方說，你充滿愛心的去幫助別人，他可能解讀成你是在沽名釣譽、惺惺作態；你努力去完成工作，他卻說你汲汲營營、唯利是圖。我相信大家或多或少都曾經遭遇過這樣的 "自我認知" 與 "他人認知" 的落差。所以，如果你把他人的認知當成是自我理解的全部，那麼我們怎麼可能找到真實的自己？

　　從另一個角度說，如果你把 "獲得他人的認同" 放在 "自我認同" 之前，那麼，你一直努力成為的將是別人所希望的自己，而不是自己所希望成為的自己。我們常聽到這樣的例子：某個人一輩子努力去完成他人的期望（例如：父母的、老師的、伴侶的），結果等到面臨生命的盡頭時，卻赫然發現自己的人生根本不是自己想要過的人生，但卻已經為時已晚。

　　每個人的人生，都只有一次，沒有任何人可以例外。所以一旦錯過了就不可能重來。每個人也是那唯一一個自己生命的承載者，所以我們必須學著對自己的人生負責，並清楚地去思考究竟自己想成為一個什麼樣的人。

5-3　意涵與實踐

我們應該怎樣進行自我認同？有以下幾個方式：

壹、針對自我理解的部分

1. 學習將「他人對我的理解」與「自己對自己的理解」區分開來

　　也就是說，針對 "我是誰" ？的這個問題，自己才應該是最有資格的答題者，他人對我們的理解與評價，只能夠作為一種參考與反省的依據，而不應該當作是對我們的決定性判決。

　　他人對我們的批評與建議，是使我們進步的一種動力與方式，但是，若我們只把他人對我們的理解，視為是對自己的理解，那麼，我們有可能只是活在他人的評價中，而無法活出對自己真正有意義的生活價值。因為，他人對我們的理解，有可能會錯誤，也有可能會受到他們自身價值觀的影響，所以，不應該將他們的觀點與我們自己的等同起來。

　　對別人而言是好的，對我們而言則不盡然；對別人而言是有價值的，對我們而言亦不盡然。所以我們應該試著由自己的角度來進行自我檢視，而不是透過他人的價值觀來形塑出我們自己。

有時候，我們聽到某些他人對我們的負面批評或看法，就傷心落淚，這或許是因為我們在對自己的判斷中，加入了很大成分的他人認同。我們把自身的好與壞，建築在他人對我們的意見上，將他人的評斷，視為是自己真正的價值。他人對我們的傷害常常是來自於我們自己賦予對方這樣傷害我們的權力。因此，在對自己的理解上，一定要清楚地分辨出他人對我們的意見，以及我們自己對自己的理解。若我們將二者混淆，則我們將無法對自己有清晰的認識。

2. 誠實地面對自己

區分了他人的意見與自己的理解之後，我們要能確實地了解自己，還必須做到對自己誠實。因為在理解自己的過程中，如果連自己都騙，那實在是一件很可悲的事情，因為這意味著我們連全然放鬆的機會都沒有，並且也無法對自己有清楚且完整的認知。不能如實面對自己的人，他對自我的認知就常常會呈現為兩種極端的狀態，一種是過度地自我感覺良好，一種是妄自菲薄。而這兩種都不是一種很好的生活態度。

唯有真誠地面對自己，我們才有可能了解到真正的自己，否則，只是想像中的自己。而這種對自己的想像，只是一種自我滿足與幻想，在現實狀態中，它不可能同時去愚弄其他人對你的理解。對自己的不當理解，也容易使我們錯估形勢，而衍生出更多的問題。所以，若我們無法對自己有清楚且明確地檢視，我們將永遠無法了解自己的優缺點，進而無法使自己成為一個現實中更好的人，而只是一種想像中的美好樣態而已。

貳、針對 "認同" 的這個部分

1. 重點在自我「認同」，而非自我「否定」

　　自我認同，不單單只是要對自我進行真實的理解，同時它還強調了要對自己進行 "認同"，而非 "否定"。也就是說，我們所要努力的，應該是去做個自己都能喜歡、尊敬的自己，做一個自己都能瞧的起自己的人，而非做出自己都非常鄙視自己的行為。只有自己先尊重了自己，別人才有可能尊重你。

　　不知你是否有這樣的經驗，當你完成了自己所設定的某個目標，儘管過程非常艱辛、痛苦，但當完成的那一刻，那種滿足感真是筆墨難以形容的美妙。這種快樂，不單是因為這個行為帶來了實際上的好處與效益，更是因為我們在這個過程中，超越了自己、克服了困難與阻礙的那種成就感。

　　所以，去成為自己也覺得 "很棒" 的自己，是一件非常快樂的事。愛因斯坦曾經說：

　　「我們不一定要嘗試去成為一個成功的人，但是卻要努力成為一個有價值的人。」

　　我們每個人所呈現出的樣態，都是來自自我的選擇。每個人都擁有無窮的可能性，儘管每個人天生都會帶有某些生命的限度，但是，人最可貴的地方就是他們有能力、有毅力去突破這些限制，而趨近自己所想要的樣子。只要我們能相信自己，找到自己的正向價值，就一定能夠做一個自己都能夠認同的自己。

2. 保持自己的信念

有「大哲學家」稱謂的古希臘哲學家蘇格拉底，在公元前399年，被雅典人以對神明不敬、腐化青年的罪名判處死刑。在這場對蘇格拉底的審判中，蘇格拉底面對的是500名對他有偏見的陪審團。但蘇格拉底並未因著想要擺脫死刑，而厚顏無恥的更改自己的立場，反而慷慨地陳述自己的想法。

在他申辯的過程中，他說道：

「使我被處死的原因不是缺乏證據，而是缺乏厚顏無恥和懦弱，因為我拒絕用討你們歡心的方式說話……。逃避死亡並不難，真正難的是逃避罪惡。」

蘇格拉底認為：如何活的長久，並非是我們所努力的首要目標，如何「活的好」、「活的心安理得」才是我們對生命應有的看法。外在的評價，並不足以扭曲我們對自身的認識，也因此，即使面對陪審團的反對聲浪，他仍不願因貪圖苟且偷生而放棄自己的立場。

陪審團的判決，並不影響他對自我價值的認知，因為他清楚這是一個不正義的陪審團，也因此即使判決如此不利於他，他仍不因此而更改他的信念，甚至是為了討好陪審團而放棄對自我的堅持。對他而言，真正重要的是在於那些知道「真實」的人是怎麼想。

在這裡蘇格拉底所展現出的精神，正可作為我們現實人生的借鏡。我們常缺乏對自我的一種獨立認識以及信念，常常面

對跟他人見解上的衝突時，就會選擇放棄自己的立場，甚至懷疑自己、否定自己。蘇格拉底在這次審判中，告訴我們：當我們對自己有清楚地認知之後，就要堅定於自己的立場、並且應該勇於面對自己的選擇。蘇格拉底被判死刑關在牢裡時，其友克力同欲救蘇格拉底出獄，並且安排好後續的相關事宜，只等蘇格拉底點頭。但蘇格拉底卻選擇留下。他說道：「我不能僅僅因為現在的遭遇，而放棄過去一直堅持的原則」。蘇格拉底誠實地面對自己，也清楚地了解什麼才是真正有價值之物。一個人最為可貴之處，就在於他能夠不畏外在環境的威脅利誘，而堅持自己的立場，選擇做一個對得起自己的人。

5-4 綜合討論

問題討論：當大眾的意見跟你的意見相反時，你會怎樣反應？

1. 你會馬上認為自己的想法是錯誤的嗎？

2. 你會怎樣面對這種相反的意見？你會努力去證明自己的正確性，還是就人云亦云？

3. 如果別人一直說服你更改你的看法，你會怎麼做？

服務學習與品格教育

✐ 服務學習記錄表

班級	
姓名	
服務學習日期	
服務學習地點	
服務學習對象	
服務學習目標	

本次服務學習的過程中,遇到了哪些困難?或者發現了什麼之前沒有注意過的問題與現象?	
本次服務學習的過程中,最讓自己印象深刻的事情	
本次服務學習的過程,讓你學到了哪些能力?	☐ 溝通能力　　　☐ 解決問題的能力 ☐ 同理心　　　　☐ 觀察力 ☐ 自信心　　　　☐ 表達能力 ☐ 思考與分析能力　☐ 專業技能 ☐ 合作協同能力　☐ 領導能力
透過本次服務學習的過程,你覺得自己有沒有改變?在哪些地方?	

本章心得與感想

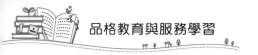

memo

抉 擇

06 Chapter

黃苓嵐 著

Character Education and
Service Learning

6-1　自我問答

1. 你覺得我們有抉擇的自由嗎？

2. 你覺得我們可以決定什麼事情？

3. 你覺得我們有些什麼事情是不能由自己決定的？

4. 你都是怎麼「做決定」的？在做任何決定前，你都會三思而後行嗎？或者是隨興之所至？

5. 你覺得什麼樣的人才能夠有決定權？才能夠開始為自己作主？他是否必須具備什麼樣的特質？

6. 你常常做出讓自己後悔的決定嗎？通常這些決定都是怎樣產生的？

7. 當你的決定與別人的意見不同時，你會更改自己的決定還是堅持自己的意見？

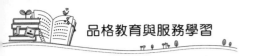

6-2　重要性

　　人無法擺脫「抉擇」這件事情。儘管你說你是個不愛做決定的人，但你「不做出任何決定」，其實也是「決定」的一種。

　　「抉擇」這件事情有什麼重要性可談呢？事實上，我們就是由我們所做出的決定而被形塑出來的。也就是說，今天呈現在他人面前的這個「你」，乃是由你自己所做出的決定而累積出來的樣子。

　　「抉擇」指向了三個要點：一、我們確實具有自由，可以進行抉擇。二、我們的抉擇有對有錯、有好有壞。三、不論這個抉擇的結果是好是壞，一旦我們做出自主決定，我們就必須為自己的這個結果負責。

　　有人或許會質疑：我們真的具有自由抉擇的權利嗎？如果你仔細觀察，你會發現我們從一早醒來開始，確實一直在進行著「抉擇」這件事情。例如：一早醒來，你躺在床上，你可能就會先思考是要趕快起床，還是要再賴床一下？等你決定起床後，你可能會接著抉擇是要先吃早餐再出門，還是先趕去學校上課？接著，等你做出出門的決定後，你可能會接著抉擇早餐要吃些什麼？到學校後，你可能還會面臨一些抉擇，例如：是要乖乖進去上課，還是跟同學蹺課出去玩？即使進到教室裡，你也仍然在做著決定，比方說，是要認真聽講，還是"假裝"認真聽講……。

　　生活中，有些決定很重要，有些則無關緊要，「早餐吃什麼？」跟「要不要蹺課？」這兩者之間的重要性就不大一樣。早餐選擇錯誤，頂多是熱量跟營養上的差異，但蹺不蹺課可能就關係著這個學分拿不拿的到的問題。但「要不要蹺課？」跟「該選擇繼續升學還是就業？」的這個抉擇比起來，又顯得簡單的多。越重要的決定，你就必須越要靜下心來仔細思考，貿貿然地做出決定，常常會使我們的人生付出昂貴的代價，有時候甚至是我們付不起的代價。

　　人因為有著自由，所以可以做出抉擇，但也是因著這是出於我們的自由抉擇，而非被強迫，所以我們也必須為我們自由抉擇的後果所負責。費南多・薩巴特說：

　　「自由讓我們可以 "部分" 地選擇我們想要的。但也正因如此，我們有可能犯錯，而做出錯誤的選擇（例如：自主地決定要蹺課、偷竊、說謊等）。」

　　並不是你所做出的抉擇都是正確的決定。很多時候，我們會因為某些原因（例如：草率、偏見、固執等）而做出錯誤決定。但很現實的問題就是：不論你所做出的決定其結果是好是壞，一旦我們做出決定，我們就必須承擔這個決定所造成的後果。所有的抉擇都是有所得、有所失，重點只在於你如何在這「所得」、「所失」中進行權衡。例如：你可以選擇蹺課，但你必須在這個事情上進行權衡，或許你的「所得」是換得一節課的輕鬆自在，讓你可以出去玩，但你的「所失」卻可能是被教授記名曠課，並且喪失了學習的機會。但不論你如何進行得失

的考量，這個蹺課行為所產生的結果卻註定是你要承擔下來的。

我們的人生總會面臨許多重要的抉擇，越重要的抉擇就越要仔細思考評估。因為它所造成的結果影響更加深遠。

盧梭說：「人的價值是由自己決定的。」你要選擇當個值得被尊敬的人，或者被人瞧不起的人，都是取決於你自己的抉擇。沙特也說：

「人就是人。這不僅說他是自己認為的那樣，而且也是他願意成為的那樣。人除了自己認為的那樣之外，什麼都不是。這就是存在主義的第一原則。」

正因為人有自由抉擇的能力，因此我們可以去選擇我們所希望的樣子。儘管有些事情的確是我們所不能控制的（例如：父母、長相等），但人的可貴就正在於我們可以自由的選擇面對這些事情的方式。長相不好看，是我們所不能決定的，但個人的氣質風度卻是我們可以自己培養的。我國知名的口足畫家楊恩典女士，出生的時候就沒有了雙手，當她還是小女孩的時候，她見到了蔣總統經國先生，她跟他說：「總統先生，我沒有手！」蔣總統當時回答她一句話，他說：「妳沒有了手，但是你還有腳啊！」楊女士後來就憑藉著她的腳作出了許多感動人心的畫作。而這就是人類最高貴的地方，儘管我們的人生有許多事情是我們所不能控制的，但我們卻有自由的心靈與無限的潛能，可以幫助我們自由地面對人生所遭遇的種種問題與考驗。

　　因此，你想成為什麼樣的人，一切都操之在己；同樣的，
你所做出的抉擇，都在形塑著你是個什麼樣的人！

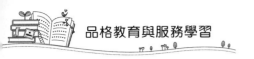

6-3 意涵與實踐

　　我們應該怎樣進行抉擇，才能避免掉錯誤呢？

　　在進行抉擇時，有兩個部分必須特別注意：

壹、誰是這個抉擇的承載者？

　　有時候，我們擔心自己會做出錯誤的決定，因此常常喜歡徵詢別人的意見。當然，有時集思廣益是可以增加我們正確判斷的可能性，但有時候，你也必須了解不同人在不同的立場上，對於同一個問題的判斷會有不同的可能性。舉個例子：有一天你覺得很煩、很懶得去上課，於是你就請你的朋友提供意見，問他自己是否應該蹺課？你的朋友跟你說：不想去上課就蹺課啊！你聽了也覺得有道理，於是就真的蹺課了。在這個事件裡，蹺課這個決定的真正承擔者是你，而非你的朋友，因此即使你是聽從他的建議，但真正被老師記曠課當掉的人卻是你自己本人，而非提供意見的這個朋友。換句話說，他並不需要為他所提供的建議承擔任何後果。

　　也就是說，人生中有很多的決定，乃是跟你自身的生命息息相關，你是這個決定所產生的結果承載者。所以那些跟這個事情無關的人的建議，你只能做為參考，不應該不加辨別地就照單全收，因為只有你必須為這個結果負責，他們卻不必。

貳、這個決定我們是否承載得起？

　　做決定的第二個要點在於思考這個行為的結果是否是我們所可以承擔的？如果不行，那麼我建議你千萬不要做，不然你將會付出沉重的代價。

　　舉個例子來說：隨著社會風氣的逐年開放，一個越來越令人憂心的狀況就是所謂的「九月墮胎潮」。年輕人有時貪圖玩樂而做出錯誤的行為，以致於未婚懷孕的平均年齡逐年下降。究竟可不可以有婚前性行為呢？撇開道德勸說，我只希望大家在決定這件事情前先想想這個問題：如果真的不幸懷孕了，我是否承擔得起這個結果？如果不行，那我建議等你能夠承擔得起時再做，因為，墮胎對女孩子來說，不論在身體與心理上都會產生嚴重的傷害。對男孩子而言，你應該更加懂得珍惜對方，不要造成對方的傷害；對女孩子而言，若別人不懂得珍惜我們，我們也更應該要懂得珍惜自己。

　　所有的抉擇，在我們做決定的當下便會開始產生作用，這個作用不論你喜不喜歡，一旦你做出決定，你就必須去承擔。因此，做任何決定前，一定要三思而後行，切不可沉不住氣，隨隨便便的做出決定，以免自己的人生付出許多不必要的代價。

參、抉擇還跟一件事情息息相關，那就是「能力」

　　當我們小的時候，我們有很多事情想做，比如想爬上公園裡最高的那棵樹；比如想把玩具店裡喜歡的玩具通通買回家；

比如想要和朋友一起玩到天亮而不要回家睡覺⋯⋯。這些願望很多都不能實現，為什麼？等到我們長大了，其中有些願望漸漸可以實現了，為什麼？差別就在於：你的能力增強了。當你長高了，那棵大樹對你而言就不再是不可能的任務；玩具店裡的玩具也可以透過存錢打工而買回家；也因著能夠自我保護，回家的門禁也可以往後延。這一切改變都是在於你的能力提升，因此你能夠完成的事情也越多。同樣的，就現階段的我們而言，有些事情是我們所不能達成的，而解決的辦法便是去增強自己的能力。只要自己的能力提升，能夠做出的選擇也就越多。費南多・薩巴特說：

「擁有追求一個目標的自由，並不意味著絕對可以達成。自由（建立在可能性中的選擇）不等於萬能。所以行動的能力越強，從自由中所能獲取的結果就會越好。」

我們常常埋怨自己的自由太少，很多時候可能是來自於我們的能力太少。比如怨嘆工作太難找，其實有時提升自己的競爭能力，能夠選擇的工作就會越多。因此，在面對抉擇時，我們應該努力提升自己的能力，以使自由選擇的範圍擴大。

6-4 綜合討論

一、影片討論

🎥 **電影《今天暫時停止》(Groundhog Day)**

上映年分：1993 年

片長：101 分鐘

出品：Columbia Pictures Corporation

導演：Harold Ramis

　　這部電影主要是描述一個個性自大、傲慢的氣象主播到一個小鎮去採訪土撥鼠節，結果他的人生卻意外停留在 2 月 2 日，日復一日不斷地重複。而其他的人則對這件事情毫無所覺。在這段重複的日子中，他由一開始的慌亂到興奮到絕望，最後則轉為積極的面對。他的個性也由一開始的自私轉變成無我的奉獻，而贏得小鎮眾人的愛戴，並抱得美人歸。

💬 **想一想**

1. 你認為男主角在影片前後有什麼樣的差別？

2. 你能否指出為什麼女主角對男主角的態度有這麼大的改變？你覺得癥結點在哪？

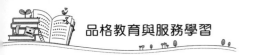

3. 如果能夠讓你像影片中男主角菲爾一樣有同樣的機會重複過日，你會選擇怎樣度過這樣的日子？

二、問題討論

1. 你認為人生中有哪些抉擇是很重要的，是必須自己做出決定的？

2. 請分享你曾經做過的錯誤抉擇，並思考這個抉擇使你付出了什麼樣的代價？

3. 如果能夠重來一次，你會怎麼進行抉擇？

服務學習與品格教育

✐ 服務學習記錄表

班級	
姓名	
服務學習日期	
服務學習地點	
服務學習對象	
服務學習目標	

本次服務學習的過程中，遇到了哪些困難？或者發現了什麼之前沒有注意過的問題與現象？	
本次服務學習的過程中，最讓自己印象深刻的事情	
本次服務學習的過程，讓你學到了哪些能力？	☐ 溝通能力　　　　☐ 解決問題的能力 ☐ 同理心　　　　　☐ 觀察力 ☐ 自信心　　　　　☐ 表達能力 ☐ 思考與分析能力　☐ 專業技能 ☐ 合作協同能力　　☐ 領導能力
透過本次服務學習的過程，你覺得自己有沒有改變？在哪些地方？	

本章心得與感想

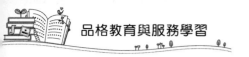

memo

誠 實

黃苓嵐　著

Character Education and
Service Learning

7-1 自我問答

1. 你覺得說謊一定是壞事嗎？為什麼？

2. 你認為如果說謊可以幫助我們解決困擾，或者避免懲罰，那麼我們是不是就可以說謊話？

3. 假如你有一個很要好的朋友，你非常信任他。有一天，你突然發現他很多事情都在欺騙你，甚至利用你，請問你會有什麼感覺？你之後會用什麼樣的態度來對待這位朋友？

4. 對於一個正直又憨厚的人，你會對他有什麼樣的評價？
   你會樂於跟他做朋友嗎？

5. 面對一個巧言令色的人，你又會有什麼樣的評價？你會
   提防他或者是信任他？

6. 你有沒有過說謊的經驗？請試著回想一下：在說謊之
   前、說謊的當下、說謊之後，你的心境是如何？你有什
   麼樣的感受？

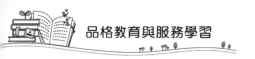

7-2 重要性

　　談起說謊這件事情，每個人從小到大或許都有過這種經驗。有時候可能只是芝麻綠豆的小事，比如小的時候，媽媽問你刷好牙了嗎？你明明沒刷，但還是回說刷好了；有時可能是和朋友約會遲到，明明是因為睡過頭，但卻推說是因為塞車；有時你可能認為自己是出於善意，比如朋友問說她今天漂不漂亮？你心裡明明覺得不好看，但卻仍然回答：很漂亮！有時，這個謊可能嚴重些，比如：在情感上劈腿或是考試時作弊。更嚴重的，可能因為謊言而吃上詐欺的官司。

　　儘管這些謊言造成的影響或大或小，但這些都可以算是一種不誠實的類型。

　　而來自說謊的不誠實會有什麼樣的影響呢？我們先從「小謊」談起：

　　我有一個朋友，有習慣性遲到的毛病。每次大家聚會，若是約八點，則她一定九點以後才會出現。每次出現，她總是會為她的遲到開脫，不是因為塞車，就是家裡臨時有事，再不然就是找不到停車位什麼的……。總之，沒有一次是因為她自己的緣故而遲到，每次的遲到都是出於 "情非得已" 的原因。久而久之，朋友之間也慢慢有了一種默契，每次大家約八點時，就一定跟她說大家約七點，因為只有這樣，大家才能夠「同時準時」的抵達。

　　這件事情聽起來也沒有什麼大不了的，但是長久下來，大家對於她這種每次遲到都找藉口的習慣，也慢慢產生了連鎖反應。心裡逐漸產生了一種對她的不信賴感，總認為這個人不是一個肯說真話，並且為自己的行為負責的人。也因此，之後她所說的一切事情，大家都不自覺的會打起折扣來，因為不曉得這一次她是否說的是真話，也因此無法完全的信任她。

　　歌德曾說過：「行為是一面鏡子，每個人都可以在其中看見自己的形象。」自己在別人眼中是什麼樣子？他人對自己又有著什麼樣的評價？別人對我們的了解是從何而來？對我們的觀感又是怎樣形成的？其實，就是從你日常生活的言行舉止開始。你的人格，你在別人心中的形象，就是這樣在你不知不覺中，隨著你日常言行的一點一滴被形塑、累積出來。

　　所以，很多時候，你可能認為說個無傷大雅的小謊並沒有什麼大不了的，但事實上，這個行為卻已經在別人心中留下了不可磨滅的印象。這些印象，會左右他們對你的評價與認知，讓他們在心中對你產生出：「喔！原來他就是這樣一個不誠實的人！」這些印象，會進而影響他們決定對你的態度，決定跟你產生什麼樣的交往關係。例如：你的朋友會因為你的不誠實，而把你界定為"泛泛之交"或是"需要提防的人"；你所追求的對象，會因著你的不誠實，而把你視為不可託付終生的人；你的上司會因著你的不誠實，而把你視為不可交付重任的人。這一切對你的負面評價，很多時候竟只是來自一個你覺得沒什麼大不了的謊言上。

　　相反的，一個誠實的人在犯錯的時候，不推諉、不塞責，這種表現可能會使他因為一時的犯錯而遭受責罵或處罰，但他的誠實態度，卻也會在他人心中留下一種印象，那就是他是個勇於為自己行為負責的人，是個有擔當的人。而這樣的形象一旦建立起來，之後別人也比較容易交付信任，只要他願意改正先前所犯的錯誤，並加以彌補，那他通常最後就比較容易獲得他人的原諒。

　　也之所以，我們總是說：「誠實為上策。」這是因為，謊言雖然可以使我們短暫的解決眼前的問題（例如：不因為遲到而被責罵），但眼光放長遠的去想，它造成的負面影響還是比正面影響大的多。

7-3　意涵與實踐

　　誠實，指的是內心的一種真實無偽的態度，不說謊、不欺瞞。它不僅指向我們不可以對他人說謊，它同時亦指向不要對自己說謊，也就是不自欺欺人的意思。它不僅代表著對外在世界的真實，它同時亦代表著對內在、內心的真實。

　　我們可以分成兩個方面來探討：

壹、我們為什麼要對他人誠實？

　　這其實是一個很有趣的問題。對別人誠實，除去前面我們所說的乃是於己有利的這個部分外，我們還必須站在對方的角度來思考。

　　孔子說：「己所不欲，勿施於人。」自己不希望遭受的事情，也就不要把這樣的事情加諸在別人身上。我相信，沒有人會希望自己受到別人暴力的威脅，那麼，我們也就不應該以暴力去脅迫他人。同樣的，我們既然不希望別人欺騙我們，那麼，我們也就不應該欺騙別人。

　　被欺騙之所以會如此令人難受，很大的部分是因為我們在這種被欺騙的過程中，感覺到對方對我們的不尊重，甚至有把我們當作笨蛋的意味在，好似以為這樣的言語可以混淆我們，使我們無法得知事情的真相。也之所以，很多受騙者在得知上當受騙之後，會感到又氣又怒。

105

　　說謊不僅造成對方的傷害（不論是因為謊言而產生的實質傷害或者內心受傷的感覺），並且還剝奪了對方獲知真相的權利。因為謊言主要就是在掩蓋真實，用假的訊息來替換真的訊息，以使得對方無法獲知確實的資訊。這些事情的真相，如果只是關涉到自己，與他人無涉，則它產生的問題還沒有那麼嚴重，但如果說這個真相所涉及的是他人，而我們又將真相掩藏，那麼就是對對方基本權利的剝奪。例如：不告訴病人他的真實病情，而造成他無法對自己的生命進行完整的規劃。或許有些時候，你會認為自己所說的是「善意的謊言」，但你必須這樣去思考：你所認為的「善意」，是否就是對方所以為、所需要的「善意」呢？或許，在你的自以為是中，對方已經喪失了對自己的決定權。

　　所以，當我們想對別人說謊之前，請你先想一想，如果別人也是這樣對待我們的，我們的內心又會作何感想？

　　人與人之間的關係，常常是互為因果、相互作用的。我們常會怨嘆這個社會上充斥著虛情假意的人際關係，因此在與他人相處時，總是處處提防。但是請回過頭來想想，若你今天跟他人相處時，沒有對別人交付真心，那我們又如何能夠怨怪別人對我們處處提防呢？你的不真心，對方既非草木，焉能毫無所覺？在這種理解下，他們又怎會願意交付出自己的真心呢？

　　因此，為使彼此的關係能夠良好運作，雙方就應該秉持著誠實的態度，當我們彼此感受到對方打開心房，一個健康的關係才有可能被建立起來。

貳、我們為什麼要對自己誠實？

　　我們難道連自己都會欺騙自己嗎？很多人常以為說謊乃是針對他人，事實上，人欺騙自己，常常比欺騙他人來的多。怎麼說呢？我們講誠實，指的是能夠真實無偽的面對真相。但真相卻常常是很傷人的，所以，有時為著自我保護，謊言就因此而說出口了。特別是面對自己的時候，我們內心總是希望自己是美好的，值得被尊重、被愛的，但很多時候，我們的人格發展卻未能成熟到這樣的狀態，以致仍有些劣習、惡性留在我們身上，而我們又怎麼面對這種不完美呢？這種時候，便很容易用很多理由、藉口來使自身的行為合理化，把錯誤推到別的地方或者別人身上。當然，這種把錯誤推到別人身上的行為，會讓我們暫時感覺到比較「安全」或者是「心安理得」，畢竟不需要為錯誤負起任何責任。但是長遠的看，這種把錯誤歸咎到他人身上的行為，在現實層面上產生的負面影響卻不能夠忽略。

　　無法真實的面對自己，承認自己的錯誤，將會使我們喪失使自己更加美好的機會。若我們如同鴕鳥般的逃避問題，隱藏真正的原因，而用其他理由來安慰自己、說服自己行為的合理性，那麼，我們將永遠沒有辦法把真正的問題解決。這些問題永遠都會存在那裡，持續對你的生命、人格產生負面影響。

　　也唯有能夠真誠的面對自己，了解到自己的缺點，才能夠真正地把缺點解決掉。也唯有如此，我們才有可能真的如同自己所想像的那般美好。因此對自己誠實乃是使自己完滿的一個重要態度。

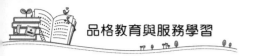

7-4　綜合討論

「林女，28 歲，是個電腦工程師，已經訂婚。有一天林女因為身體不舒服進醫院檢查，醫院發現林女已經是肝癌末期，不敢直接告訴她，便詢問林女的母親是否要讓林女知道真相？林女的母親因為擔心自己的女兒承受不了打擊，便要求醫療人員均不得透露真實病情給林女知道，只告訴她是得了良性腫瘤，只要切除就會恢復健康。而林女的家人以及未婚夫都知道真相，只有林女被瞞在鼓裡。

林女不疑有他的入院接受治療，在治療過程中，身體卻並未如同家人所言的好轉，反而因為癌症末期導致身體散發出不好的氣味，造成與他人相處上的尷尬。之後更遭遇到未婚夫退婚，詢問其退婚理由，亦不敢直言其癌末的真相，反而因此使林女遭受更大的打擊，認為自己哪裡做得不好。

林女多次對病情產生疑問，但詢問家人及醫療人員，均無人敢告知真相，林女便在這種不知所措、自怨自艾的情緒中慢慢迎接生命終點的到來。一直到生命的最後幾日，母親才告知其癌末的實情。

林女對此感到非常憤怒，認為母親剝奪了她規劃自己最後生命的權利。」

💬 **想一想：善意的謊言是對的嗎？**

1. 你怎樣確認這是 "善意" ？你由何判斷？

2. 對於善意的謊言，你支持／或反對的理由？

針對這個事例請試著從不同的角度去思考：

1. 如果你是她的母親，你會怎麼做？

2. 如果你是當事人，你會希望別人怎麼做？

「某女性藝人同其男性友人、兩位女性友人搭乘計程車時，因與計程車司機產生口角，導致此男性友人毆打計程車司機，致使計程車司機頭部、腹部重創，昏迷送入加護病房。

此女性藝人同男性友人隔天召開記者會澄清，出手打人乃是因為計程車司機口氣不好要求他們繫上安全帶，並且因付錢時司機碰觸到女藝人的胸部，而他們又喝得太醉了，才會導致這起男性友人毆打司機的意外。

但隨後的證據卻顯示他們並未喝到不省人事、也並未付錢、同時不只男性友人動手毆打，此女性藝人亦動手踢計程車司機的頭部，因此均被檢方起訴。」

💬 想一想

1. 你覺得這個女性藝人所犯的錯誤有哪些？

2. 你會對他們的行為以及人格給予什麼樣的評價？

⏩ 說說看

1. 你認為對他人誠實可以產生什麼樣的好處？

2. 你認為對他人說謊，會造成什麼問題？

3. 如果你的朋友要求你說謊話配合，你應該怎樣面對？

4. 你能否舉出十種生活中所可能產生的不誠實，會造成什麼樣的問題？例如：牛奶廠商供應含三聚氰胺的奶粉，會造成嬰兒死亡。

服務學習與品格教育

✏️ 服務學習記錄表

班級	
姓名	
服務學習日期	
服務學習地點	
服務學習對象	
服務學習目標	

本次服務學習的過程中，遇到了哪些困難？或者發現了什麼之前沒有注意過的問題與現象？	
本次服務學習的過程中，最讓自己印象深刻的事情	
本次服務學習的過程，讓你學到了哪些能力？	☐ 溝通能力　　　　☐ 解決問題的能力 ☐ 同理心　　　　　☐ 觀察力 ☐ 自信心　　　　　☐ 表達能力 ☐ 思考與分析能力　☐ 專業技能 ☐ 合作協同能力　　☐ 領導能力
透過本次服務學習的過程，你覺得自己有沒有改變？在哪些地方？	

本章心得與感想

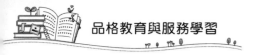

memo

愛與付出

08 Chapter

黃苓嵐　著

Character Education and
Service Learning

8-1　自我問答

1. 你覺得愛人和被愛哪一種比較幸福？為什麼？

2. 你如何理解愛？你能否列出愛的特質有哪些？

3. 你具備愛人的能力嗎？你都是怎樣付出你的愛？

4. 你愛你的父母嗎？你都是如何跟他們相處的？你用什麼樣的方式表達對他們的愛？

5. 你愛你的朋友嗎？你都是如何跟他們相處的？你用什麼樣的方式表達對他們的愛？

6. 當你對別人付出時，對方是什麼反應？他們快樂嗎？當他們因著你的付出而快樂時，你是什麼感覺？他們的快樂是否有感染到你？

7. 當別人對你好的時候，你是什麼感覺？

8. 如果你的周遭有一位朋友非常的自私自利，你對他會有
什麼樣的看法？你會想和他做朋友嗎？

8-2　重要性

　　鹿橋先生在他的《人子》一書中曾經說過一個故事，非常發人深省。故事講述一個旅人在返家的途中，在樹下略做休息的時候，意外地看到一群小精靈。這些小精靈的背上都揹著一個小小的、亮晶晶的禮物，他們非常的匆忙且慌張，因為有一個小精靈遲到了，他們直說快要來不及把這些禮物準時送到，因此不能再繼續等那位遲到的小精靈。就在他們飛走後不久，這個旅人才看到一個揹著大大禮物的小精靈飛過來，他非常的難過自己竟不能準時把這個禮物送到。就在這個小精靈哭泣不已時，那些先前的小精靈終於飛了回來，他們非常高興的跟這個小精靈說他們送禮去的那個新生小嬰兒因著他們所送的禮物，因此長的是多麼的可愛又俊美、多麼的聰明又理智並且身體健康，個性仁慈。聽完大家的話，這個遲到的小精靈又放聲大哭，他說：「偏偏像這樣的一個人連一點感情都沒有！」因為這個遲到的小精靈背上所揹的就是名為「感情」的禮物。

　　這個故事告訴我們，儘管我們擁有再多美好的事物，若我們不懂得愛，不懂得分享，終究是枉然。

　　愛就像人與人之間的橋樑，失去了愛，我們就像是處在孤島中一樣的寂寞。愛，串連了人與人之間的關係，因為愛，我們分享我們的喜怒哀樂給對方，也因著這種分享，愛讓我們的快樂加倍，更讓我們的痛苦減半。

去觀察那些在愛中的人們吧！你會發現他們比別人來的更快樂以及穩定，那些負面的情緒很少會在他們身上出現。暴力、仇恨、衝突的狀況也比較不易發生。

反觀我們現在的社會，為何衝突不斷？很大的原因就來自於我們－不相愛。我們一方面渴望被愛，因為這是人類天生的需求[註1]，但我們一方面卻又吝於給出愛，以致於我們對他人付出的太少，同時得到的也太少，所以一直處於心靈匱乏的狀態。德蕾莎修女說：

「愛不能單獨存在，它的本身並無意義。愛必須付諸行動，行動才能使愛發揮功能。」

愛，是一種付出、給予的力量，能給出愛的人，代表了他是個富足的人。因為，唯有富足的人（這裡說的富足，並非是指物質、金錢上的富足，而是指心靈的富足）才有能力給予。一無所有、貧脊的人是無法給出任何東西的。我們透過愛的付出，而讓自己成為更有意義、更快樂的人。

註1 馬斯洛(Maslow)以一個金字塔形的劃分法提出人生的五大需求，他認為支持人的生存有五大需求必須被滿足，其中第三大需求就是被愛、被接納的需求。

8-3　意涵與實踐

如何去愛呢？如何才能將我們想要去愛的這種情感以及動力能夠很好地去傳達給對方，讓對方感受到，並因此而感到喜悅呢？

我們可以從三種相處模式來看看，何種方式才能真正找到愛：

壹、喪失主體性的愛

所謂的喪失主體性，指的是在愛中，我們完全忽略了自己，而只關注到對方。不去思考自身的完整性，而把自己全然依附在對方身上，以對方的喜好為一切依歸。這種形式的愛，有幾種表現模式：

1. 犧牲

覺得一切都以對方的需求為主，儘管這種需求可能於己有損，也義無反顧。例如：丈夫希望你放棄工作，專心在家當個家庭主婦，儘管你心中有許多對於工作的抱負以及理想，但仍然放棄自己的需求，而以對方的要求為依歸，放棄工作留在家中。或者是對方希望你放棄自己的交友圈，只留在她身邊，因而將自己的人際關係全部切斷。

2. 抹煞自我

也就是以對方的喜好來形塑自己，忽視自己的獨特性。例如：「長髮為君留」，或者是依照父母的意願來做自己的人生規劃，儘管父母希望你做的，並非你真正喜歡、想要的。

這種喪失自我、喪失自身主體性的愛，其實並不是一種健康的愛。在這種放棄中，我們強壓下我們自己本身的需求，扭曲自身的喜好與性格，只期許對方能夠因著我們的這種犧牲奉獻而感受到我們的愛，進而給予我們愛。但這種放棄，短時間內或許可以讓我們在這種犧牲中感覺到一絲自我犧牲奉獻的滿足感，覺得自己的愛很偉大。但長久以往，若這些犧牲與讓步不能夠獲得對方足夠的愛的回饋，我們便很容易產生怨懟、不甘，甚至懷恨的情緒。認為我們付出了這麼多，犧牲了自我的願望與未來，只為了成就對方，但對方卻毫不感激，並且沒有回報予我們豐沛的愛。社會新聞中隨處可見的情殺案，很大部分都是源自於這種模式的愛。

事實上，這世上的每個人都是不一樣的，也正是因著這種不一樣，世界才顯得如此豐富多樣且有趣。每個人都應該肯定自己的特質，不應該以愛之名而去毀損自身的特質。

愛的關係，乃是一種長久的關係，在這種長久的關係中，若我們是以扭曲自己性格的方式去迎合對方的喜好，則經年累月下來，自己定會在這種不自然的情況下感到疲累，對方也感受不到來自真實的美好。

孔子說：「君子和而不同，小人同而不和」。指的就是一種真正良好的相處模式，應該是講求諧和，而非追求相同。只有在「和」之中，我們才能真實感受到愛的美感，這種愛的關係才有可能長久維持下去。

貳、喪失客體性的愛

這種愛的模式，指的是只關注到自己本身的需求，而完全忽略掉對方的感受。這種愛有幾種表現形式：

1. 自私

眼中只有自己，而沒有對方，一切以滿足自身的需求為首要考量，絕不讓自己吃虧。總是要別人來配合自己，自己則毫不讓步。

保有自我的完整性雖然很重要，但完全只考慮自我，忽視他人需求卻是一種自私的表現。惠特利說：「追求自我的慾望，不叫做自私，忽視他人的需求才是自私。」也就是說，若自己的慾求，不會影響到他人，則我們怎樣追求都沒有關係，但是若我們的慾求和他人相衝突，而我們卻仍只是關注到自己的利益，毫不在乎他人因此的損失，則是種自私行為的表現。

愛的關係要能良好的運轉下去，雙方就不應該處在這樣一種失衡的關係中，一方只知索求，毫不付出，對方儘管一開始可以忍受，長久以往也不免感到灰心、疲憊。只有相互的付出與支持，愛才能長久。

2. 不對等

不對等指的是二者的關係處於一種從屬關係，而不是平等的關係。認為自己是這個關係中的領導者、決策者，而忽視對方的主體性，認為對方必須聽從自己的意見，只有自己才能做出比較正確的決定。這樣的關係是一種對愛的傷害，因為，愛的關係講求的是一種調和、和諧，而從屬關係卻容易產生對立。原本的相知相愛，變成了命令與服從，這樣的愛如何持久？又如何能夠令人感受到幸福？

所以，真正的愛，不應該是過度的喪失自我，但也不能只關注到自己的需求，而忽略了對方的需要。所以，最佳的相處模式應該是第三種：互為主體性的愛。

參、互為主體性的愛

所謂的互為主體性，指的是在愛的關係中，彼此都應該保有自我的獨特性，不任意扭曲自身，同時也要尊重對方的主體性，而不能當作一個從屬的角色。互為主體性，還表達出彼此之間應該處於一種「平等」關係，因為每個人的人格都是獨立的，必須被保護，而不應該有不公平的對待。

在確立了正確的相處模式之後，我們要去落實愛，讓對方因著我們的愛而有幸福的感受，它就有幾個步驟必須完成。

1. 自身完滿

　　愛，標誌出了我們自身的富足與完滿。只有自身完滿的人，才有能力去給出「正向」的愛。一個個性陰暗、負面思考、性格扭曲的人，是無法給出愛的。儘管他說他正在愛著，這種愛也不是健康且使人樂於接受的。因為他們的愛很容易陷入前文所說到的第一、二種相處模式，不是喪失自身的主體性，就是只關注自身的滿足，而忽略了尊重對方的客體性。

　　所以，愛的第一步，應該要先使自己充滿正向、積極的能量，這樣的人才懂得愛自己，並能夠珍惜別人。這樣的愛，才有可能成為互為主體的愛。富蘭克林說：

　　「希望被人愛的人，首先要愛別人，同時要使自己可愛。」

2. 理解

　　想要付出愛給對方，並希望對方能夠因為我們的愛而感到快樂的第二個要件，就是理解。理解什麼？理解對方的需求，給予對方所「想要」的，而非給予對方我們「想給」的。

　　真正的愛，不是在滿足自己，而是在成就他人。所以給予對方所需求的，才是真正的愛。例如：對方希望你能夠安安靜靜的在身邊陪伴，你卻非要呼朋引伴的四處遊玩，並認為自己付出了大量的時間和金錢只想讓他玩得開心，自己的愛非常可貴。但殊不知這種給予，反而變成是一種負擔與困擾，因為拒絕了，好像在辜負你的好意，接受了又造成自身的勉強。所以，

一種體貼成熟的愛，就必須關注到對方的真實需要，而不是一種自我滿足、自我炫耀。

3. 付出

在自身完滿、充滿正向能量後，我們必須細心觀察、仔細理解對方的需求，之後才真正的去付出我們的愛。

但這種付出，還有一個必須要注意的地方，就是它是否能讓對方產生幸福感。馬克斯(Karl Marx)說：

「如果你愛而不能喚起，如果你的那種愛不能產生愛，如果你以你作為一個愛者的生命之表現，不能使自己成為被愛者，則你的愛是無能的。」

這也就是說，儘管你知道對方需要什麼，但若是你對他的愛，他並無法因此而呼應你，同時也愛你，那麼這樣的愛就不應該強求。否則，這種強迫對方接受、回應的愛，反而會造成對方的困擾與傷害。這樣就違背了我們愛的本意了。我們的愛，是希望能夠將幸福快樂帶給對方，而不是將痛苦、困擾帶給對方。若我們只在意自己的愛有沒有被接受，則我們仍是陷在一種「自我滿足」的虛榮想像中，而非真正地去愛著對方。這就如同我們前面所說的第二種狀態：喪失客體性的愛。或者在這種自我滿足的過程中，發展成第一種模式：喪失主體性的愛，自以為是一種悲劇性的犧牲與奉獻模式。

4. 幸福

　　真正的愛的完成，就是幸福感的出現。在這時，我們一方面感受到自身的完滿與充沛的正向能量，我們不僅能夠讓自身變得美好，同時還有能力去付出，讓對方也感受到愛與幸福。另一方面，我們也能感受到對方的愛，在這種愛中，我們獲得了源源不絕的能量。

8-4 綜合討論

問題討論

1. 請列舉出五位樂於付出的人物，並指出他們的付出，為這個社會、他人、以及自己產生了什麼影響？

2. 陳樹菊女士的行為，為什麼會得到這麼多人的贊同？你認為最根本的原因是什麼？

3. 請列出你所做過的付出行為。

   (1) 請說明這些行為造福了什麼人？

   (2) 你自身做完這些事情之後，有什麼感受？

   (3) 對方接受了你的付出之後，有什麼感受與反應？

服務學習與品格教育

✐ 服務學習記錄表

班級	
姓名	
服務學習日期	
服務學習地點	
服務學習對象	
服務學習目標	

本次服務學習的過程中，遇到了哪些困難？或者發現了什麼之前沒有注意過的問題與現象？	
本次服務學習的過程中，最讓自己印象深刻的事情	
本次服務學習的過程，讓你學到了哪些能力？	☐ 溝通能力　　　　☐ 解決問題的能力 ☐ 同理心　　　　　☐ 觀察力 ☐ 自信心　　　　　☐ 表達能力 ☐ 思考與分析能力　☐ 專業技能 ☐ 合作協同能力　　☐ 領導能力
透過本次服務學習的過程，你覺得自己有沒有改變？在哪些地方？	

本章心得與感想

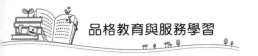

memo

正向人生觀

09 Chapter

黃苓嵐 著

Character Education and
Service Learning

9-1　自我問答

1. 如果要你描述你現在的生活，它是什麼樣子？

2. 你對你現在的生活滿意嗎?若是，滿意在哪裡？若否，有哪些地方讓你不滿意？

3. 如果要你形容，你覺得「人生」是什麼？（例如：人生是一盤未知的棋局，只有到終點才能知道勝負）

4. 你覺得人生觀的方向，跟我們的生活有沒有關係？它會不會影響我們的生活走向？

5. 你目前的人生觀是什麼？

6. 你的人生觀，對你的生活產生了什麼影響？

7. 如果你的人生只剩下一天，你會怎麼過？

8. 如果你的人生只剩下 2 年，你會怎麼過？

9. 如果你的人生還剩下 30 年，你會怎麼過？

9-2　重要性

　　這個世界上究竟有多少人是在過著他們想要的生活呢？這個世界上又有多少人會去意識到他們每天究竟正在過著一種什麼樣的生活？對大部分的人而言，常常是渾渾噩噩的過著每一天，或者是詛咒著生活的每一天，怨嘆上天的不公，但卻毫無行動能力去扭轉這種不滿意。

　　我們常忽略掉一件事情，那就是「生命乃是限量發售的」，生命並不是取之不盡、用之不竭的東西。常常在我們不經意之中，大把大把的時間與青春就這樣隨便的浪費掉了，可能是在無止盡的線上打怪遊戲中，可能是在無聊的電視節目中就這樣讓它流逝了。等有一天我們從這些事情抽離出來時，才赫然發現自己竟然什麼東西都沒有留下，生活只剩空白，一事無成。

　　古人云：「少壯不努力，老大徒傷悲」；歌德也說：「誰若遊戲人生，他就一事無成；誰不能主宰自己，便永遠是一個奴隸。」只有清楚的意識到生活，並且積極的支配生活，使生活有意義，我們才能說自己是自己的主人，否則，我們只是被時間支配的奴隸罷了。

　　我們常常可以聽到這樣的例子在我們的生活週遭反覆發生：某人渾渾噩噩的過了大半輩子，等到有一天突然發生了重大的事故（例如：車禍、重病），生命瀕臨終點時，才赫然有

這樣的感觸：我人生中有好多的理想都沒有完成！我生命中的許多時光都浪費在自己不喜歡的人事物中。於是他們會說：「如果人生重來過，我一定要……」。

但一個很可悲的現實是：人生不能重來，時間也不會因為你的懊悔而再給你一次機會。這或許是人世間少數公平的事情吧！所有人都一樣，對自己的人生只有一次機會，錯過就不會重來。

因此，真正有智慧的人就知道要怎樣把握剩餘的人生，畢竟逝者如斯，錯過的時間就是錯過了，與其停留在原地懊悔，倒不如積極把握還掌握在手中的其他可能。因此，許多大難不死的人，常常會徹底的轉變生活型態，他們會更加珍視自己所擁有的，並積極創造自己所想要的人生。

而你的人生是否有意義，則決定於你是否過一個好的生活。為什麼我們總是說人是萬物之靈？我們究竟比動物高明到哪裡去呢？事實上，人與動物的差別就在於：動物只知道「活著」，每天思考的就是如何生存下去；但人類卻不單只是思考如何維持基本生存所需，他還會去思考如何「活得好」。單單只是吃飽睡、睡飽吃，那就只是動物的層級，如何使生活過得有意義、精彩，才是人的等級。

而我們的「生活」跟我們的「人生觀」又有什麼關係呢？

人生觀，乃是指我們對我們的生活所抱持的看法與態度。它可做為我們生活的導引，告訴我們生活應該往哪裡走才能達到我們希望的目標，以及引導我們思索一個重要的問題，那就

是：「我究竟希望過一個什麼樣的人生，我才會覺得滿意以及不枉此生」？

人生觀的建立乃是至關重要的一件事，一旦它錯認目標，便有可能把我們導引到危險的地方去，這種錯誤，賠上的可是我們的整個人生。例如：若我們把「賺錢」當作我們人生最重要的事情，則我們很可能會受到這個人生觀的導引，使得自己為了賺更多的錢，而不擇手段，甚至賠上很多更加珍貴的東西－比方你的健康、你的人格、你的身體。

所以，建立一個正向的人生觀，才能將你導引到光明的地方去。托爾斯泰說：

「理想是指路明燈，沒有理想，就沒有堅定的方向；沒有方向，就沒有生活。」

愛因斯坦也說過：

「只要你有一件合理的事去做，你的生活就會顯得特別美好。」

正向的人生觀就好像黑暗中的燈塔，導引著海上的船隻能夠找到正確的港口。它能夠提供你時時檢視自己目前的生活是否走在一個幸福的道路上。因此，一個正向人生觀的培養，對於提升我們的生活意義以及人格的素養，乃是刻不容緩的事情。

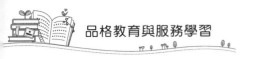

9-3 　意涵與實踐

　　我們如何建立一個正向的人生觀？基本上，我們可以分成二個部分來談：

壹、何謂「正向」的人生觀？

　　我們前面已說過：我們的生活要能過得好，就必須要有一個人生觀做為我們的導引，以使我們不致迷失方向。但是我們乃是處於一個多元價值的社會，很多時候會有各種不同的價值觀在企圖扭轉我們的認知與選擇，如果我們在擇取的時候不加注意，則很有可能選擇了錯誤、有害的價值觀來做為我們的人生導向。

　　人生觀既然是我們生活的導引，那麼，錯誤的人生觀將會把我們導向錯誤的結果。因此，當我們要去思考我們的人生觀時，我們必須知道這個人生觀並不是隨心所欲、不加辨別的訂定下來，它必須是符合「正向」的要求。也唯有如此，我們的生活才不致走向錯誤的道路。

　　而什麼是正向的人生觀呢？所謂的「正向」乃是指它是具有正面意義與價值，它能夠增進我們的品格，而非損及我們的人格，同時它是能夠帶來正面效益而非負面效益的。因此，所謂的正向的人生觀，它就意味著當我們在訂定我們的人生觀時，我們必須去思考以下幾個問題：

1. 這個人生觀，會將我們的生活導向什麼方向？

2. 它會使我們生活得更好，還是更糟？

3. 如果它會使我們生活得更好，我們需要為此付出什麼代價？

4. 這個代價是值得的嗎？它會與社會的基本價值產生衝突嗎？

5. 這個人生觀能夠使我成為更好、更值得被尊重的人嗎？

　　一個正向的人生觀，必須要滿足這幾個問題的要求，缺一不可。因為，有些人生觀確實會使我們「彷彿」生活得更好，但是，它卻無法滿足後面兩點的要求，也因此最終反而會使我們的人生付出更沉重的代價。例如那些終日醉心於累積自身財富的不法商人，他們為了達到自身富有的目的，不惜違背良心的販賣黑心商品，如此做的後果，短期內確實為他們賺得了更多的錢，好像使他們的生活過得更好，但是，他們付出的代價卻也是這些金錢所無法彌補的，在這之中，他們必須付出的代價是被人們所唾棄、瞧不起，他們失去的是做為人的基本尊嚴，甚至於他們最終必須接受法律的制裁。

　　因此，一個正向的人生觀，它是能夠為我們的生活帶來幸福的可能，同時也能維護到我們人格的崇高性。

貳、如何建立正向的人生觀？

我們既然知道了正向的人生觀對我們的重要性，接著我們必須思考：我如何去建立屬於我「自己的」正向人生觀？

1. 在這裡，我們強調的第一個重點，那就是「自己的」

這是什麼意思呢？簡單來說，也就是指生活的目的，乃是自我找尋的過程，它的意義必須由自己找尋，而非由他人給予。人生觀是我們生活的指引，它旨在幫助我們找到我們所希望達到的生活目標。因此，對他人來說是有意義的生活，不見得對我們而言也是具有同樣意義。若我們只是模仿他人、若我們不去思考什麼才是對自己真正重要的，那麼我們將永遠也找不到自己想要過的生活。從另一個方向而言，這也同樣標示出：你覺得有意義、有價值的生活，不見得他人也要認同。因此，我們不應該將自己的意願強加在他人身上，或者對他人的生活方式嗤之以鼻。

2. 審慎思考並進行價值排序

既然我們的生活意義是由我們自己找尋以及給予的，並且我們的人生觀是與生活以及品格密不可分，因此，如何去建立自己的人生觀就是一件非常值得我們審慎思考的事情。

在這之中，我們必須學會如何進行價值分辨以及排序。也就是說，我們必須具有正確的辨別能力，來區分什麼東西是對我們有幫助的，可以作為我們生活的導引。

柴契爾夫人曾經說過：

「注意你的思想，它們會變為言語。

　注意你的言語，它們會變為行動。

　注意你的行動，它們會變為習慣。

　注意你的習慣，它們會變為性格。

　注意你的性格，它們會變為命運。」

　　這也正說明了我們的思考、言語、行為會深深的影響到我們的性格養成，進而決定了我們人生的幸福與否。一旦你選擇了錯誤的思維、錯誤的行為模式，其代價將是我們自己的人生。故我們必須謹慎再謹慎、小心再小心的去學習辨別我們周邊的事物，並對他們進行正確的價值區分，切不要只看見眼前的利益，就忽略了它背後可能需要付出的代價。唯有經過如此的審慎思考，我們才能夠建立出一個正向的人生觀。

3. 取法典範人物

　　在我們學習進行價值分類以及判別的過程中，我們實在不需要如同盲人摸象或者以身試法的方式來學習。一種有效且快速的方式便是去取法典範人物。典範人物之所以為人所景仰，必定是因為他們的立身處世有值得大家學習以及敬佩的地方。因此，師法典範人物將可以使我們更加容易去理解何謂正向價值。

　　當然這並不是說我們要不加辨別地把這些典範人物的模式直接的套用在自己身上，我們要找出的乃是屬於我們「自己

的」人生觀。這些典範人物只是做為一種正面參考教材，透過他們的言行舉止與風格，我們可以去思考這種生活價值是否是自己想要的人生典範。例如：有些人崇敬德蕾莎修女的慈愛大眾；有些人感佩陳樹菊女士的慷慨付出；有些人崇拜比爾蓋茲的偉大成就以及熱心公益……。我們周邊有許多偉大人物值得我們效法，他們的言行典範可以作為我們建構自己的正向人生觀的一種學習。透過學習偉大人物的可貴情操，將使我們容易培養一種值得讚許的品格。

4. 擬訂達成計畫

　　要建構出自己的正向人生觀，除了前面所說的「理解」之外，當然還需要「實踐」。如此它才能真正的在我們的人生中產生效用。在這邊提供幾個實行的步驟：

　　(1) 列出自己的目標：

　　　　　例如：想成為一個法官，伸張正義，維護弱勢者的權利。

　　(2) 找出達到這些目標的方法：

　　　　　如果成為一個法官乃是你人生的重要目標，那麼你就必須接著去思考：

　　　　a. 有哪些方式可以達到這個目的？

　　　　b. 有哪些基本能力是法官所需要配備的？

　　　　c. 目前自己已經擁有了其中的哪幾項能力？

　　　　d. 其餘未具備的能力應該透過什麼樣的方式來獲得？

(3) 記錄每週花費在這件事情上面的時間：

你可以嘗試著去記錄自己每週所進行的活動，究竟占據了我們生活的多少比重。這項工作可以幫助你檢視自己的生活是否正走在自己所希望的道路上。比方說你希望成為一個法官，但你的生活卻並沒有為了這件事情付出相應的努力，則這個目標便沒有實現的可能。就像是下列表格所呈現的，你也可以用以下的表格來記錄看看：

事件	對生活的意義性（1-5給分，5 為最重要）	每週在這件事情所花費的時間	希望這件事情所花費的時間
上網遊戲	2	28	12
讀書學習	5	12	25
陪伴家人	5	2	8
運動	4	4	6
社交活動	3	10	5

第一個部分「對生活的意義性」，乃是要我們去思考日常生活中所進行的這些事項，對我們的生活意義究竟如何？

第二跟第三個部分，則是要我們去思考：我們是否把時間都分配給了值得付出的事物？前面我們提過了，生命乃是限量供應的，因此，在有限的生命中，你是否把生活貢獻給了值得貢獻的對象呢？比方說你認為跟父母相處的時間乃是最重要的，但是實際記錄下來卻發現自己陪伴父母的時間，可能還比不上自己陪伴電腦遊戲的時間多。

　　因此，這個表格的記錄，可以幫助我們隨時檢視自己的生活，並隨時思考自己是否已經依隨著自己的正向人生觀而努力。

9-4 綜合討論

一、請找出你的人生導師

1. 在你的生命中，是否有這樣一位人生導師，是做為你的生活指引者？

2. 他是誰？請你對他做些基本的描述。

3. 這位人生導師是如何影響你的？他有哪些地方值得讓你學習？

二、找出正向價值

1. 請列出你認為具有意義的正向價值。

2. 請將這些進行排序，由「最重要」到「最不重要」。

三、請找出錯誤的人生觀類型，並指出這些人生觀會導致什麼樣不良的結果

memo

服務學習與品格教育

✎ 服務學習記錄表

班級	
姓名	
服務學習日期	
服務學習地點	
服務學習對象	
服務學習目標	

本次服務學習的過程中，遇到了哪些困難？或者發現了什麼之前沒有注意過的問題與現象？	
本次服務學習的過程中，最讓自己印象深刻的事情	
本次服務學習的過程，讓你學到了哪些能力？	☐ 溝通能力　　　　☐ 解決問題的能力 ☐ 同理心　　　　　☐ 觀察力 ☐ 自信心　　　　　☐ 表達能力 ☐ 思考與分析能力　☐ 專業技能 ☐ 合作協同能力　　☐ 領導能力
透過本次服務學習的過程，你覺得自己有沒有改變？在哪些地方？	

本章心得與感想

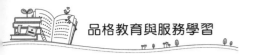
memo

參考書目

王臣瑞(1991)‧倫理學‧台北：學生書局。

林火旺(2000)‧倫理學‧台北：空中大學。

林火旺(2006)‧道德－幸福的必要條件‧台北：寶瓶文化事業有限公司。

Fernando Savater(2010)‧對與錯的人生邏輯課－哲學大師的倫理學邀請：過更好的生活（于施洋譯）‧台北：漫遊者文化（原著出版於 2005）。

Fromm, E. (2011)‧愛的藝術（李健鳴譯）‧上海：譯文出版社（原著出版於 1956）。

Aristotle(2009). The Nicomachean Ethics(Trans. By: David Ross). UK: Oxford University Press(1925).

Plato(1992). Republic(Trans. By: G. M. A. Grube). Indianapolis: Hackett Publishing Company, Inc.

memo

memo

memo

memo

memo

memo

memo

memo

國家圖書館出版品預行編目資料

品格教育與服務學習 / 徐舜彥, 黃苓嵐著. --
第三版. -- 新北市 : 新文京開發, 2018.02
面 ；　公分

　　ISBN　978-986-430-373-1（平裝）

　　1. 德育　2. 品格

528.5　　　　　　　　　　　　　107001510

品格教育與服務學習（第三版）　　（書號：E395e3）

作　　　者	徐舜彥　黃苓嵐	
出　版　者	新文京開發出版股份有限公司	
地　　　址	新北市中和區中山路二段 362 號 9 樓	
電　　　話	(02) 2244-8188（代表號）	
Ｆ　Ａ　Ｘ	(02) 2244-8189	
郵　　　撥	1958730-2	
初　　　版	西元 2012 年 8 月 30 日	
第　二　版	西元 2013 年 7 月 15 日	
第　三　版	西元 2018 年 2 月 01 日	

New Wun Ching Developmental Publishing Co., Ltd.

New Age · New Choice · The Best Selected Educational Publications — NEW WCDP